平安朝の事件簿

王朝びとの殺人・強盗・汚職

繁田信一

文春新書

1285

はじめに

「貴族の世」の武士たち

「鳥羽院《とばいん》失《う》せさせ給《たま》ひて後《のち》、日本国《にほんこく》の乱逆《らんぎゃく》と云《い》ふことは発《おこ》りて後《のち》、武者《むしゃ》の世《よ》になりにける也《なり》」

（鳥羽上皇《とばじょうこう》がお亡《な》くなりになった後、日本国には「保元《ほうげん》の乱《らん》」や「平治《へいじ》の乱《らん》」といった非常事態が起きて以来、武士の世になってしまったのだ。）

歴史書の『愚管抄《ぐかんしょう》』に右のように記したのは、平安時代の終わりに生まれて鎌倉時代の初めに比叡山延暦寺《ひえいざんえんりゃくじ》のトップである天台座主《てんだいざす》を務めた慈円《じえん》である。彼は、僧侶として生きたとはいえ、もともとは藤原摂関家《ふじわらせっかんけ》の御曹司《おんぞうし》であっただけに、貴族たちが権威を失い、武士たちが威勢を増していく世の中を見るにつけ、深い溜息《ためいき》をつかずにはいられなかったのだろう。

確かに、保元元年（一一五六）の所謂「保元の乱」や平治元年（一一五九）の所謂「平治の乱」を経て、朝廷の事実上の支配者となったのは、武家の棟梁《とうりょう》として成り上がった平清盛《たいらのきよもり》であった。また、その清盛の一族を討ち滅ぼして、この日本を武士が統治するための新たな政府を打ち立てたのは、もう一人の武家の棟梁の源頼朝《みなもとのよりとも》であった。この頼朝の鎌倉幕府の成立は、建久《けんきゅう》三年（一一九二）のことと言われ、もう少し早い文治《ぶんじ》元年（一一八五）のこととも言われるが、そうした細かい点はともかく、慈円が嘆くように、鳥羽上皇が崩じた保元元年のあたりから武士たちの時代（「武者《むしゃ》の世《よ》」）がはじまったことは、間違いあるまい。

ところで、この慈円の言い方からすると、鳥羽上皇が健在であった久寿《きゅうじゅ》年間（一一五四～一一五六）までは、つまり、平安時代後期の途中くらいまでは、武士たちの時代ではなく、貴族たちの時代であったことになろう。また、われわれ現代人の多くにとっても、「平安時代」と呼ばれる時代は、基本的に、「貴族の世」なのではないだろうか。

そして、その平安時代というのは、多くの現代人がイメージするところ、繊細な心を持つ男女が、桜の花や月の光に心を揺り動かされて和歌を詠み、顔も知らない異性に恋をして泣いたり笑ったりする、そんな世界であろう。それは、要するに、清少納言《せいしょうなごん》の『枕草子《まくらのそうし》』や紫式部《むらさきしきぶ》の『源氏物語《げんじものがたり》』に描かれる世界に他ならない。

清少納言や紫式部が生きたのは、四百年ほど続いた平安時代のほぼ真ん中あたり、ときに「王朝時代」とも呼ばれる平安時代中期であるが、それは、かの藤原道長《みちなが》の時代であり、藤原摂関家が最も栄えた時代である。そして、道長といい、その後継者の頼通《よりみち》といい、派手好きで知られた権力者であったから、しばしば「絢爛豪華《けんらんごうか》」という言葉で語られるような煌《きら》びやかな貴族文化が花開いたのが、王朝時代＝平安時代中期であった。

しかしながら、そんな時代にも、武士たちは確かに存在していた。やがて平安時代の終わりになって「武者の世」を実現する武士たちは、われわれが「貴族の世」と見做《みな》す王朝時代にも、既に存在していたのである。

もちろん、平将門《まさかど》のことなら、常識として誰もが知っていよう。王朝時代の早い時期、当時は「坂東《ばんどう》」と呼ばれた関東地方で大暴れした将門や彼の朋輩《ほうばい》たちは、間違いなく、王朝時代を武士として生きた人々であった。

だが、将門一味の存在などは、実のところ、氷山の一角に過ぎない。藤原摂関家が都で栄華を極めていた王朝時代にも、坂東に限らず、日本のそこここに、どうかすると都にさえ、多くの武士たちが武士として生きていたのである。

鎌倉武士たちの曾祖父の曾祖父たち

平安時代においては、武士を呼ぶにあたって、普通、「武士」という言葉が使われるよりも、「武者《むしゃ》」という言葉が使われるものであった。慈円が「武者の世」と言っているのも、そのためである。いや、慈円が当たり前に「武者の世」と言っていることからすれば、鎌倉時代になってからも、しばらくの間は、武士は「武者」と呼ばれるのが当たり前だったのかもしれない。

それはともかく、王朝時代＝平安時代中期を武士（武者）として生きた人々は、鎌倉幕府初代将軍の御家人《ごけにん》となった武士たちからすると、凡《およ》そ、曾祖父の曾祖父にあたるだろうか。一つの世代を三十年ほどと考えれば、そんなところであろう。藤原道長が政権担当者となった長徳《ちようとく》元年（九九五）から、鎌倉幕府が成立する建久三年（一一九二）あるいは文治元年（一一八五）までが、だいたい二百年とか百九十年とかいう年数になる。

そして、鎌倉武士たちの曾祖父の曾祖父たちは、「貴族の世」であるはずの王朝時代においても、けっして、遠慮がちに世の中の隅っこで縮こまって暮らしていたわけではなかった。彼らは、坂東諸国のような都から遠く離れた国々ではもちろんのこと、山城国《やましろのくに》・大和国《やまとのくに》・摂津国《せつつのくに》・河内国《かわちのくに》・和泉国《いずみのくに》・近江国《おうみのくに》・丹波国《たんばのくに》など、当時は「畿内近国《きないきんごく》」と呼ばれた都に近い国々においてさえ、わがもの顔に武力を振るい、脅したり奪ったり殺したりという悪逆非道を繰り広げていたのである。

もちろん、「貴族の世」の武士たちも、たいていの場合、馬に跨《また》がり、弓矢を携えていた。したがって、その戦闘力は、彼らの曾孫の曾孫にあたる鎌倉武士たちと何ら変わるところがなかっただろう。しかも、彼らは、しばしば群れを成して行動を起こした。実のところ、平安時代中期においても、「武士団」と呼んでいいような武士たちの集団は、そう珍しいものではなかったのである。いや、むしろ、鎌倉武士たちの曾祖父の曾祖父たちも、武士団として行動することが当たり前だったのかもしれない。

だから、最たる例ともなると、武士団を結成し、矢倉《やぐら》を備えた砦《とりで》を構えて、そのうえで、大挙して敵の本拠に夜《よ》討ちをかけたものであった。しかも、これをやったのは、都から至近の河内国の武士たちである。武士たちの最も武士たちらしい行動が、現代なら「首都圏」と呼ばれるであろう地域において確認されるというのが、「貴族の世」であるはずの王朝時代の一面なのである。

さらに、王朝時代において、武士たちによる血生臭い事件は、都の中でも起きていた。それどころか、どうかすると、都の中は都の中でも、天皇の住まう内裏からそう遠くない大路においてさえ、武士が武力の行使に及ぶこともあった。もしかすると、都の中だけを見ても、武士たちが鎌倉幕府によって統制されるようになる鎌倉時代に比べて、王朝時代の方が、武士たちが野放しになっていたのかもしれない。

また、都や都の周辺がこんな様子なのだから、都から遠い地域ともなると、武士たちが慎ましく生きていたことなど、全く期待できようはずがないだろう。当然、地方の武士たちは、所謂「平将門の乱」の後も、将門が起こしたほどの大事件は起こさないまでも、頻りに武力を振るって武士らしく生きていたのであった。

平安時代中期の武士たちの凶行を証言する公文書

とはいえ、『枕草子』や『源氏物語』を産んだ王朝時代＝平安時代中期において、地方はもとより都の中や都の周辺でも武士たちが好きに暴れていたなどという話は、にわかには信じ難いかもしれない。

しかし、これは、紛《まぎ》れもない事実である。既に数多くの武士たちが存在していて、その武士たちが地方でも都でも問題を起こしまくっていたというのが、王朝時代の確かな史実であって、われわれ現代人が「貴族の世」と思いがちな時代の一つの側面であった。

そして、鎌倉武士たちの曾祖父の曾祖父たちの暴れっぷりを、確かな史実として現代に伝えてくれるのは、王朝時代当時において検非違使《けびいし》によって処理された数々の公文書である。

検非違使が平安時代の警察であることは、広く知られていよう。そして、警察である以上、検非違使のもとには、さまざまな事件をめぐる訴えが届くことになるわけだが、わが国では、既に平安時代において、そうした訴えは必ず文書にしなければならなかったから、自然、検非違使の手元には、多くの告発状が溜まることになる。特に、検非違使の長であった検非違使別当《けびいしべっとう》のもとには、とんでもない数の告発状があったことだろう。書類は下から上へと移動するというのが、今も昔も変わらない官僚機構の基本的なあり方なのだから。

そうしたことから、ある一人の検非違使別当の手を経て、かなりの数の告発状が今に伝わることになる。すなわち、長徳二年（九九六）から長保《ちょうほ》三年（一〇〇一）まで足かけ六年に渡って検非違使別当を務めた藤原公任《きんとう》が、その任を退いた後、自身が所持していた検非違使関連の公文書について、おそらくはそんなことになるとも知らずに、千年以上もの後の世に残るような措置を取ったのである。

藤原公任といえば、彼の名が出るのは、普通、武士の凶行をめぐってではなく、貴族の芸能や芸術をめぐってであろう。彼は、藤原摂関家の御曹司として生まれ、道長政権の時代に権大納言《ごんのだいなごん》にまで昇った上級貴族であるとともに、漢詩・和歌・音楽・書などの全てに優れた、王朝時代を代表する文化人なのである。漢詩の名句や和歌の名作を集めて『和漢朗詠集《わかんろうえいしゅう》』を編纂したのも、この公任であった。

そんな公任には、『北山抄《ほくざんしょう》』という有職故実の著作もあるが、公任の持っていた大量の検非違使関連の公文書が今に伝わることになったのは、この『北山抄』が書かれたからに他ならない。すなわち、公任が『北山抄』を書きはじめたのは、検非違使別当の任を離れてからしばらく後のことであったが、この『北山抄』の草稿を書くとき、公任が原稿用紙として用いたのは、不要になった検非違使関連の公文書の裏面だったのである。

平安時代においては、上級貴族たちの間でさえ、その裏側を使うというかたちで、不要になった書類を再利用することが当たり前であった。当時は、紙が絹よりも貴重だったからである。したがって、公任が『北山抄』の草稿を書くにあたって検非違使関連の公文書の裏側を使ったのも、全くの偶然であった。

とはいえ、そうした次第があってこそ、王朝時代の武士たちの武力行使を知ることのできる公文書が現代に伝わったのであるから、公任には深く感謝しなければなるまい。もちろん、公任本人は、こんなことで感謝されても驚くばかりであろうけれど。

検非違使別当藤原公任の事件簿

藤原公任が『北山抄』を著したことで生き残った一群の公文書は、歴史学者たちの間では、「三条家本北山抄裏文書《さんじょうけぼんほくざんしょううらもんじょ》」と呼ばれている。この呼称は、藤原公任の手になる『北山抄』の草稿が奇跡的に今も残っており、その草稿本の『北山抄』が藤原摂関家に連なる三《さん》条家《じょうけ》の蔵書であったことに由来する。

この「三条家本北山抄裏文書」と呼ばれる公文書群には、現代であれば刑事事件として扱われるような事件をめぐる告発状が多く見られるものの、その他、現代の刑事事件に相当する事件に関連した検非違使別当からの命令書までもが幾通か見られる。そして、それらの告発状や命令書には、さまざまな土地に暮らすさまざまな武士たちが登場するが、彼らの起こした刑事事件も、実にさまざまである。「三条家本北山抄裏文書」の公文書群は、さながら、「検非違使別当藤原公任の事件簿」といったところであろうか。

なお、「三条家本北山抄裏文書」に見える告発状や命令書には、不思議と、都の事件ではなく地方を舞台とする事件を取り扱うものが多い。そこに見える事件の現場は、都から近いところでは、山城国・大和国・摂津国・河内国などであり、都から遠いところでは、播磨国《はりまのくに》や紀伊国《きいのくに》である。それゆえ、「検非違使別当藤原公任の事件簿」である「三条家本北山抄裏文書」からは、王朝時代＝平安時代中期の地方の人々の暮らしぶりを窺い知ることもできたりする。

そして、「検非違使別当藤原公任の事件簿」に見られる地方の暮らしは、地方に盤踞《ばんきょ》する鎌倉武士たちの曾祖父の曾祖父たちのおかげで、かなり刺激的なものであった。「三条家本北山抄裏文書」の公文書群に登場する人々は、ある者は、海辺に暮らす武士によって、乗っていた船と船の積み荷の全てとを奪われたうえに、自身の生命まで脅かされたのであり、またある者は、手下を使って農地を荒らす武士たちを咎めたところ、逆襲に遭って負傷者を出しているのである。さらに言えば、「検非違使別当藤原公任の事件簿」には、地方の武士たちが共謀して都から下向した公職を帯びる下級貴族を亡き者にした殺人事件までが登場する。

平安時代の人々の暮らしというと、特に、平安時代中期の王朝時代の人々の暮らしというと、多くの場合、都に暮らす貴族たちの暮らしが、しかも、都で栄華を極める上級貴族たちの暮らしが、取り上げられるばかりである。それは、これまで、王朝時代を語るうえで用いられてきた手がかりが、都の貴族たちが編纂した歴史書や同じく都の貴族たちが残した日記に偏っていたためであろう。都の貴族たちの手になる史料には、やはり、都の貴族たちのことばかりが記されているものなのである。

そこで、本書では、「三条家本北山抄裏文書」として知られる公文書群を紐解きながら、王朝時代＝平安時代中期の地方の暮らしを背景に見つつ、鎌倉武士たちの曾祖父の曾祖父にあたる王朝時代の武士たちの生き方を見ていきたい。そこには、驚くほど危険な暮らしぶりや信じられないほど乱暴な生き方が浮かび上がってくるはずであるが、それがどれほど刺激的なものであったとしても、そうして見出されるのは、あくまでも王朝時代の真実の一端なのである。そして、本書が求めるものは、確かな史実としての、鎌倉武士たちの曾祖父の曾祖父たち＝王朝時代の武士たちの実像に他ならない。

平安朝の事件簿　王朝びとの殺人・強盗・汚職◎目次

第一章　河内国の夜討ち

長徳三年六月五日の夜討ち

夜討《よう》ち——夜の暗闇に紛れて敵の拠点を急襲することをこう呼ぶのなら、それは、まさに夜討ちであった。

長徳《ちょうとく》三年（九九七）六月五日の夜、現在の大阪府八尾市・東大阪市と重なる河内国若江《かわちのくにわかえ》郡《ぐん》において、十五騎もしくは十六騎の「馬兵《うまのつわもの》」と二十人余りの「歩兵《かちのつわもの》」とが、「前淡路掾《さきのあわじのじょう》」の肩書を持つ美努兼倫《みぬのかねとも》という下級貴族の住居を、四方から取り囲んだ。それは、より正確には「寅時《とらのとき》ばかり」のことであったが、寅時というのは、午前三時から午前五時までであるから、旧暦では晩夏にあたる六月のこととはいえ、そのとき、周囲はまだまだ暗かったに違いない。

なお、「馬兵」とは、すなわち、馬に跨《またが》って弓矢を携えた戦力であり、「歩兵」とは、すなわち、弓矢や盾を備えて自らの足で移動する戦力であろう。あるいは、「歩兵」たちは、「馬兵」たちの従者たちであったかもしれない。そして、こうした「馬兵」「歩兵」が合わせて四十近くにもなったというのだから、それは、下級貴族の家宅に不意打ちをかけるには、十分な軍勢であったろう。

また、この武装した一団の首魁《しゅかい》は、その氏名を美努公忠《きみただ》といった。そして、彼は、河内国若江郡に盤踞《ばんきょ》する豪族の美努氏の一員であった。したがって、美努公忠は、同族を殺そうとしたことになる。公忠に生命を狙われた兼倫は、「前淡路掾」を称する下級貴族に成り上がっていたものの、もともとは河内国若江郡の豪族である美努氏の一人なのである。公忠は、同じ一族でありながら、いや、もしかすると、同じ一族であるがゆえに、おそらくは一族の主導権をめぐって、兼倫と鋭く対立していたのではないだろうか。

しかも、この公忠とともに兼倫を襲った面々として、美努利忠《としただ》・美努秀友《ひでとも》・美努惟友《これとも》・美努吉平《よしひら》・美努行利《ゆきとし》・美努友利《ともとし》といった名前が挙がっているから、この夜討ちの背景にあったのは、兼倫と公忠との個人的な対立ばかりではないだろう。そこには、下級貴族を出すほどの勢力を誇る豪族を二分するような、大きな対立があったのかもしれない。さらに言えば、この一件には、「太皇太后宮史生《たいこうたいごうぐうししょう》」の肩書を有して都に暮らす下級貴族の美努真《さね》遠《とお》までもが、公忠の側の黒幕というかたちで関与していたのであった。

いずれにせよ、美努公忠の率いる一団は、今回の夜襲をみごとに成功させる。寝込みを襲われるかたちとなった美努兼倫は、抵抗も虚しくどころか、抵抗する間もないままに、その家族や従者たちともども、あっさりと縛り上げられてしまったのである。そうした意味では、公忠と彼の率いた面々とは、なかなか手慣れた武士（武者）であったことになるだろう。

長徳年間を含む平安時代中期は、しばしば「王朝時代」とも呼ばれるが、この王朝時代には、弓矢を主要な武器として馬に跨って戦う人々を呼ぶにあたって、「武士」という言葉が使われることは稀であり、むしろ、「武者《むしゃ》」という言葉もしくは「兵《つわもの》」という言葉が使われることが一般的であった。そして、右に見た美努公忠とその手勢の「馬兵」たちとは、確かに、「武者」なり「兵」なりと呼ばれるにふさわしい人々だったのである。

王朝時代に武士（武者）を出した貴族の家系というと、桓武平氏・清和源氏・秀郷《ひでさと》流藤原氏が有名だが、実のところ、それ以外にも、多様な氏族の多様な家系から、数多くの武者（武士）が出ていたのであった。右の美努氏は、そのいい例であろう。

河内国若江郡の武士団

河内国若江郡の豪族の美努公忠は、件の夜討ちに先立つ長徳三年四月以来、自宅の四方に「箭倉《やぐら》」を構えていたという。この「箭倉」は、つまり、矢倉《やぐら》であって、高い位置から周囲を見張ったり攻め寄せる敵を弓矢で迎撃したりするための施設である。したがって、公忠は、自宅の城塞化を図っていたことになる。

また、大和国や近江国の大津《おおつ》付近に別宅を持つという公忠は、大和国・近江国から河内国へと、「不善《ふぜん》の輩《やから》」と呼ばれるような手合いを幾人も連れ込んでいた。そして、彼は、都に足を運ぶ都度、二人くらいずつ、犯罪者予備軍を連れ帰ってもいた。美努氏以外で例の夜討ちに加わった面々として、坂上致孝《さかのうえのむねたか》・多米清忠《ためのきよただ》・茨田友成《まんたのともなり》・恩智常某《おちのつね××》・恩智忠正《ただまさ》・弓削重忠《ゆげのしげただ》などの氏名が知られるが、おそらくは、この坂上致孝以下こそが、公忠によって集められた「不善の輩」なり犯罪者予備軍なりであったろう。公忠は、社会のあぶれ者に成り下がっていたような武士（武者）たちを、せっせと集めていたのである。そして、坂上致孝以下の武者たちの公忠のもとでの位置付けは、公忠の郎等《ろうどう》（従者）というところだったのではないだろうか。

こうして見ると、美努公忠という豪族は、河内国若江郡において、ちょっとした武士団を組織していたかのようである。彼は、自宅を砦《とりで》に変えるとともに、多数の武士を集めて、郎等として養っていたのであった。この公忠の一党は、武士団以外の何ものでもあるまい。

そして、着々と自己の武士団を育てつつあった美努公忠は、長徳三年六月の夜討ちを決行する以前から、前淡路掾の美努兼倫の生命《いのち》を狙い、彼を殺害する機会を虎視眈々と窺っていたという。しかも、その頃、公忠に生命を狙われていたのは、兼倫だけではなかった。公忠は、やはり河内国若江郡の美努氏の一人であって「前伊豆掾《さきのいずのじよう》」の肩書を持つ美努公胤《きみたね》という下級貴族をも、亡きものにしようとしていたというのである。公忠が企図していたのは、あるいは、自ら作り上げた武士団の武力を以て、有力な同族を全て排除してしまい、河内国若江郡を地盤とする豪族としての美努氏の主導権を手にすることであったろうか。

一般に、王朝時代の河内国の武士団として知られているのは、世に「河内源氏」と呼ばれる、頼信《よりのぶ》流源氏を棟梁とする武士団であろう。この河内源氏＝頼信流源氏は、平将門や藤原純友《すみとも》の討伐で功績を立てた清和源氏の一流にして、やがて鎌倉幕府将軍の源頼朝を出すことになる一族である。

しかし、その河内源氏にしても、河内国に本拠を置くがゆえに「河内源氏」と呼ばれるまでで、河内国を一国規模で支配していたわけではない。彼らの本拠となっていたのは、より厳密には、河内国の古市郡《ふるいちぐん》なのである。河内源氏は、河内国において、最も有力な武士団であったかもしれないが、けっして唯一の武士団だったわけではない。

それゆえ、河内国の古市郡以外の諸郡には、河内源氏以外の武士団が成立する余地があったのであり、事実、若江郡には美努公忠の武士団が組織されたのであった。また、その公忠が自宅を城塞化して敵襲に備えていたことからすれば、同郡には、さらなる武士団もあったに違いない。もしかすると、公忠が先手を打って夜討ちをかけた前淡路掾の美努兼倫にしても、公忠が生命を狙っていたという前伊豆掾の美努公胤にしても、実は、公忠が脅威を感じるほどの武士団を、それぞれに組織していたのではないだろうか。

河内守の郎等

なお、美努公忠に夜討ちをかけられて家族・従者ともども縛り上げられてしまった前淡路掾美努兼倫のその後はというと、彼は、すんでのところで命拾いをすることになる。

かねてより兼倫を亡きものにしようとしていた公忠は、まんまと捕縛した兼倫を、容赦なく殺そうとする。その折の公忠がどのような殺し方を考えていたのかはわからない。刀剣による斬殺であったのか、弓矢による射殺であったのか、それ以外の現代人には想像もつかないような殺し方であったのか。いずれにせよ、このとき、兼倫の生命を完全に掌中にしていた公忠は、まさに得意満面であったろう。

ところが、ここで勝ち誇ったことが、公忠の油断となった。いつでも兼倫を殺せるという状況を手にした公忠は、おそらく、そのことに満足してしまい、兼倫の殺害を後回しにして、しばし勝利の余韻に浸っていたのだろう。

そして、公忠がようやく兼倫を殺そうとしたそのとき、何らかの異変が起こっていることに気付いた近隣の人々が、次々と兼倫の家に駆け付けたのであった。

もちろん、そうなってしまっては、公忠といえども、もはや、兼倫を殺すことはできない。衆人環視のもとで兼倫を殺したのでは、公忠は、同族殺しの凶悪犯として扱われることになり、美努氏の主導権を握るどころではなくなってしまうはずであった。そもそも、公忠が兼倫を襲撃するにあたって夜討ちをかけることを選んだのも、一つには、兼倫の隙を突くためであったろうが、いま一つ、兼倫殺害の犯人が誰であるかわからないようにするためでもあっただろう。

しかも、このとき、兼倫の危機に駆け付けた人々の中に、「上野掾《こうずけのじょう》」の肩書を持つ源訪《たずぬ》という下級貴族が交じっていたことで、公忠は、一転、立場を失って社会的に追い込まれることになった。というのも、この訪は、河内守《かわちのかみ》の郎等の一人であり、河内守から「若江《わかえ》郡使《ぐんし》」という役職を与えられて、河内守の代理として若江郡に滞在する身だったからである。その訪から見て、公忠に縛り上げられている兼倫と、兼倫を縛り上げている公忠とでは、悪者は、明らかに公忠の方であった。

この状況に、公忠とその一味とは、その場を逃げ出す。そのため、危ないところであった兼倫は、どうにか事なきを得ることになる。彼は、駆け付けた人々のおかげで、就中、河内守の若江郡使である源訪のおかげで、間一髪、死を免れたのである。

ただ、公忠たちから解放された兼倫が、自宅の中を調べてみると、そこには、何一つ残っていなかったらしい。公忠一味は、まさに盗賊団よろしく、いや、どうかすると盗賊団よりもあさましく、兼倫の家にあったものは、価値のあるものも、価値のないものも、洗いざらい持ち去ったのであった。

下級貴族であって地域の有力者であった兼倫であるから、それなりの家財や貯蓄を持っていたはずである。この時代の財産といえば、銭がほとんど流通していなかったため、米や絹織物であり、これらを貯め込むことが、この時代の貯蓄であったが、それらが兼倫の家からはきれいに消え去ったのであった。また、公忠たちは、屏風《びようぶ》や几帳《きちよう》といった調度や狩衣《かりぎぬ》や直垂《ひたたれ》といった衣裳などをも、兼倫の家から盗み出したに違いない。

「前淡路掾美努兼倫解」

それにしても、こんな事件の詳細が、よくも現代に伝わったものである。

長徳三年（九九七）といえば、今から千年以上もの昔であるし、事件の現場は、当時の都の平安京ではない。そんな大昔の、しかも、地方で起きた事件であるうえに、この事件の関係者の誰一人として、高等学校の日本史の教科書に名前が載るような有名人ではない。公忠であれ、兼倫であれ、ここに登場する美努氏の面々のことなど、よほど平安時代に詳しい人でも、普通は知らないものであろう。また、源氏の一員の源訪にしても、それは同じことなのではないだろうか。

にもかかわらず、件の夜討ちの一件について、右に見た如くに詳細なことがわかっているのは、後日、被害者の前淡路掾美努兼倫が都の検非違使《けびいし》に訴え出たからであり、かつ、その折の告発状が「三条家本北山抄裏文書」の一通として現代に生き残ったからである。そして、問題の告発状は、現在、歴史学者たちの間では「前淡路掾美努兼倫解《さきのあわじのじょうみぬのかねともげ》」として知られており、長徳三年六月五日の夜の出来事について、懇切に語ってくれる。

そこで、ここでは「前淡路掾美努兼倫解」の文面を紹介したいのだが、「三条家本北山抄裏文書」として伝わる公文書は、そのいずれもが漢文で書かれていて、読み解くのがなかなか厄介であるため、この場では筆者による現代語訳での引用としたい。また、「前淡路掾美努兼倫解」は、かなりの長文であるため、まずは、その最初の三分の一ほどだけの紹介となる。

前淡路掾美努兼倫《さきのあわじのじょうみぬのかねとも》が文書を差し上げて検非違使庁《けびいしちょう》の裁定を再び申し請います。

河内国若江《かわちのくにわかえ》郡《ぐん》に居住する「犯人《はんにん》」の美努公忠《きみただ》・美努利忠《としただ》・美努秀友《ひでとも》・美努惟友《これとも》・坂《さかの》上致孝《うえのむねたか》・多米清忠《ためのきよただ》・茨田友成《まんたのともなり》・恩智常□《おちのつね××》・恩智忠正《ただまさ》・弓削重忠《ゆげのしげただ》・美努吉平《よしひら》・美努行利《ゆきとし》・美努友利《ともとし》らのため、今月五日の寅時《とらのとき》頃、兼倫たちが殺害されそうになり、多くの家財を奪われましたので、不安を訴えるとともに、公忠たちを裁いて捕らえて懲《こ》らしめていただきたく存じます。

右のことにつきまして、兼倫が謹んで事情をご説明致します。例の「犯人」の公忠たちは、太皇太后昌子内親王《たいこうたいごうまさこないしんのう》さまの太皇太后宮職《たいこうたいごうぐうしき》の史生《ししょう》である「太皇太后宮史生《たいこうたいごうぐうししょう》」の美努真遠《さねとお》の命令であると言って、毎晩毎晩、機会を窺っては、前伊豆掾《さきのいずのじょう》美努公胤《きみたね》および兼倫を殺害しようとしているということについて、詳しく文書に記しまして、先日にも検非違使庁に訴え出ておりました。

しかしながら、検非違使庁から裁定をいただくより早く、今月五日の夜の寅時頃に、四方から、「馬兵《うまのつわもの》」十五騎もしくは十六騎と「歩兵《かちのつわもの》」二十人余りとが、突然に私の家を□□□、私を妻子たちとともに縛り上げました。

右の現代語訳での引用に幾つか欠字があるのは、「前淡路掾美努兼倫解」のそもそもの原文に数ヶ所の文字の欠損があるためである。原文において文字が欠けている箇所については、現代語訳でも欠字にしてあることを、あらかじめ断っておきたい。

なお、「前淡路掾美努兼倫解」に文字の欠損があるのは、この文書の年齢を考えれば、やむを得ないことであろう。われわれが「三条家本北山抄裏文書」と呼ぶ文書は、どれもこれも、千年以上の歳月を奇跡的に生き延びた古文書なのである。

王朝時代の武士たちの多様な氏族

さて、右に引いた「前淡路掾美努兼倫解」の文面によると、前淡路掾美努兼倫は、長徳三年六月五日に夜討ちが決行される以前から、美努公忠が自分および前伊豆掾美努公胤の生命を狙っていることを警戒しており、その旨を検非違使に訴え出ていたらしい。すなわち、「前淡路掾美努兼倫解」と呼ばれるべき文書には、長徳三年六月十一日付のものの他に、それ以前の日付を持つものも、かつては存在していたようなのである。

が、歴史的な事実として、兼倫は、夜討ちに遭って危うく生命を落としそうになったのであった。検非違使は、兼倫の最初の訴えに真摯に向き合おうとはしなかったのだろう。

ときに、事件の舞台となった河内国若江郡には、今も御野県主神社《みのあがたぬしじんじゃ》が鎮座するが、明治時代以前には式内社であった同社の祭神の角凝魂命《つぬこりむすびのみこと》および天湯川田奈命《あめのゆかわたなのみこと》は、美努氏の祖神とされる。そして、このことからも察せられるように、ときに「三野」とも「美奴」とも「三努」とも表記される美努氏は、大和朝廷の時代から、この地に勢力を持つ豪族であった。

しかも、同氏は、古来、軍事に馴染んだ氏族であったらしく、朝廷が律令制を確立して以降にも、中央の軍事官司である衛門府《えもんふ》に人材を供給し続けていた。とすれば、同氏の公忠・兼倫・公胤がそれぞれに武士団を組織していたとしても、そうおかしなことではあるまい。

また、例の夜討ちに加わった美努氏以外の面々の氏族を見ても、いずれも、軍事に長けた氏族であり、畿内近国《きないきんごく》において有力豪族としての地位を確立している氏族であった。

まず、坂上致孝の坂上《さかのうえ》氏などは、これが武力の行使を得意とする氏族であったことについて、多くを語るまでもないだろう。かつて、桓武天皇の蝦夷戦争が、多大な戦死者を出しながらも、大失敗に終わらずに済んだのは、明らかに、征夷大将軍《せいいたいしょうぐん》坂上田村麻呂《たむらまろ》の活躍があってのことであった。そして、そんな坂上氏は、王朝時代においても、大和国および紀伊国では、有力豪族としての地位を保っていたのである。

また、多米清忠の多米《ため》氏も、茨田友成の茨田《まんた》氏も、恩智常某および恩智忠正の恩智《おち》氏も、王朝時代において、朝廷の軍事官司である衛門府に安定的に人材を出す氏族であった。そして、多米氏は河内国若江郡に、茨田氏は河内国茨田郡《まんたぐん》に、恩智氏は河内国高安郡《たかやすぐん》にという具合に、これらの氏族は、それぞれ畿内に豪族としての勢力圏を築いていた。

さらに、弓削重忠の弓削《ゆげ》氏の場合、奈良時代に道鏡《どうきょう》のような怪僧を出したこともあったとはいえ、また、平安時代前期には弓削是雄《これお》という優れた陰陽師《おんみょうじ》を出したこともあったとはいえ、その氏族名に明らかな如く、より古い時代においては、弓を作ることを生業《なりわい》とする氏族であって、まさに古くから軍事に関わってきた氏族であった。そして、同氏もまた、

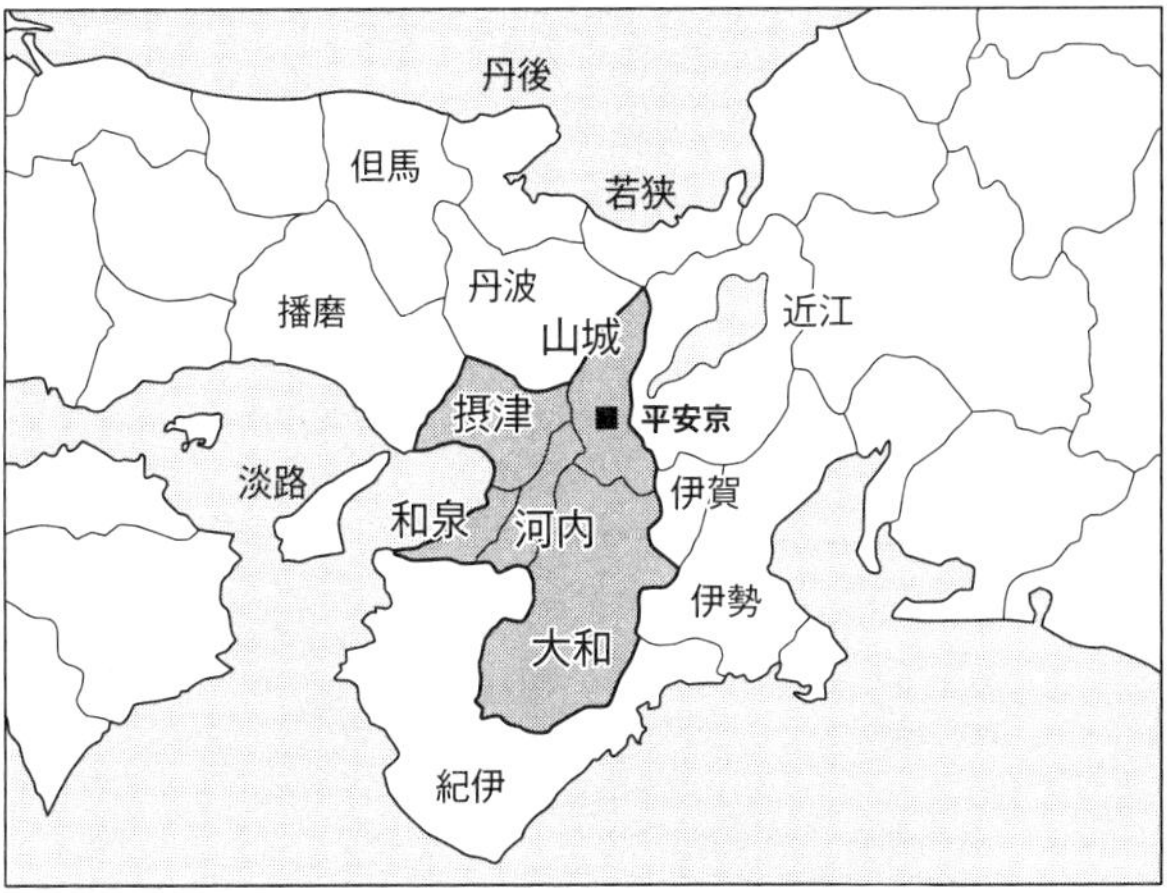

畿内諸国と平安京（網かけ部分が畿内諸国）

王朝時代においては、やはり、とにかく衛門府に人材を出す氏族の一つとなっていた。ただ、弓削氏は、畿内各国に広く分布していたものの、それだけに、かえって王朝時代の時点での勢力圏は不明である。

現代においては、武士の氏族として取り沙汰されるのは、専《もっぱ》ら源氏か平氏かとなっている。が、右に見た通り、王朝時代には、美努氏・坂上氏・多米氏・茨田氏・恩智氏・弓削氏といった諸氏族からも、多くの武士（武者）が出ていたのであった。鎌倉武士の曾祖父の曾祖父たる王朝時代の武士（武者）の氏族の多様性は、もっと注目されてもいいだろう。

河内国若江郡の課税・納税

次に、右に見た部分に続く「前淡路掾美努兼倫解」の中ほど三分の一の現代語訳を示すと、左の如くとなる。

公忠たちが私たちを殺そうとしたとき、近隣の人々および若江《わかえ》郡使《ぐんし》で上野掾《こうずけのじょう》の源訪《みなもとのたずぬ》が、騒ぎを聞き付けて、何ごとかと驚いて駆け付けました。すると、公忠たちは、私や私の妻子を縛り上げて今まさに殺害しようというところでしたが、河内守《かわちのかみ》殿《どの》の部下である源訪の手前、「国府《こくふ》からの指示で、河内守殿が都にいらっしゃる間、空席になっている若江郡の郡司《ぐんじ》の仕事を私が代行することになっているので、納税のことを兼倫に割り当てるために来たのである」とか何とか言い繕ったのでした。しかし、訪は、「納税のことは、今は郡司が欠員となっているので、地域の刀禰《とね》たちが共同で負担するようにと、先日、河内守殿からご指示をいただいた。そして、この兼倫と美努兼□とが取りまとめて、この地域からの納税は既に完了しているはずだが」と答えたのでした。これによって、例の公忠は、引き上げました。

が、その後、私が家の中を確認したところ、わが家の家財は、何一つとして残されておらず、一切合切がなくなっていました。

既に簡単に触れているように、あわやというところで前淡路掾美努兼倫の生命を救ったのは、騒ぎを聞いて駆け付けた上野掾の源訪であった。この源訪は、当時の河内守の郎等《ろうどう》の一人であって、河内守から「若江郡使」と呼ばれるべき役割を与えられて若江郡に滞在していたのである。そして、河内守の代理人である訪は、公忠が兼倫を縛り上げているのを見ると、その行為の正当性を公忠に問い、ついに公忠の一党を退散させたのであった。

とはいえ、この訪も、無条件に兼倫の味方だったわけではないかもしれない。

彼が負っていた若江郡使の役割は、おそらく、若江郡における課税・徴税の監督といったところであったろう。王朝時代の地方諸国においては、それぞれの郡での課税・徴税に関しては、受領国司《ずりょうこくし》である守《かみ》が自身の郎等を「国使《こくし》」として各郡に派遣して、その国使の監督のもと、現地の郡司が実務を執るようになっており、そうした国使たちは、担当する郡の名称を冠して「○○郡使」とも呼ばれていたのである。そして、源訪の若江郡使も、これと同様のものであったと考えられる。

とすれば、若江郡使である源訪にとって重要であったのは、現地の豪族にして下級貴族でもある美努兼倫ではなく、美努兼倫という優良な納税者であったろう。右の訪と公忠とのやり取りからも明らかなように、兼倫は、郡司が欠員となっていた当時の若江郡において、郡司に代わって現地の刀禰たちを取りまとめて課せられた税を完納するような、優等生的な納税者だったのである。そんな兼倫は、当然、国使である訪にとって、かなり重要な存在であったろう。が、それでも、個人としての兼倫が訪にとって重要であったとは限るまい。

なお、訪の公忠への反論の中に登場する刀禰というのは、公式に認定された現地の有力者のことであり、王朝時代の地方では、一つの郡に数人が存在しているものであった。そして、その刀禰たちの取りまとめ役を務めたという兼倫は、彼自身も若江郡の刀禰の一人であったものと思われる。

実行犯の役割

最後に、「前淡路掾美努兼倫解」の終わり三分の一は、おおよそ、次のような現代語にできよう。

これは、やはり、太皇太后宮史生の美努真遠の命令があったからこそ、公忠たちが実行したに違いありません。特に、例の公忠の場合、以前に犯罪者として手配された折、仲間たちとともに逃亡して自宅を封鎖していたのですが、しかし、この四月の上旬くらいに、大和国《やまとのくに》や近江国《おうみのくに》の大津《おおつ》のあたりに持つ家から、恩赦によって罪を赦されて獄《ごく》舎《しゃ》を出た「不善《ふぜん》の輩《やから》」を仲間に引き入れて、河内国若江郡の本宅に戻ってきたうえに、その本宅の四方に「箭倉《やぐら》」を構えたのです。また、公忠は、しばしば上京しては一日なり二日なり在京して、その都度、見知らぬ者を二人ずつくらい連れて帰り、そうして連れ帰った者たちと郡内で犯罪行為に及び、さらには、殺人の計画を立てていたのでした。

ここで、ただ今の状況を冷静に整理してみますに、「犯人」の公忠は、私に敵意を抱いたまま本宅に住んでおり、このままでは、私自身も、私の命令を聞く配下たちも、無事に暮らせる家を失い、「農業」を営むこともできなくなってしまいます。そして、私にとっての困難として、これに勝るものはありません。

つきましては、検非違使庁が裁定を下されて、一つには公忠とその数十人の共犯者たちとを□□□□、いま一つには公忠たちに盗まれた家財を取り戻してくださって、私たちが危機にあることを憐れみ、私たちが「農業」に励むことができるようにしてくださるよう、お願い致します。そこで、このような文書を記しまして差し上げる次第です。

長徳三年六月十一日　　　前淡路掾美努兼倫

ここでは、例の夜討ちが太皇太后宮史生《たいこうたいごうぐうししよう》の美努真遠《さねとお》の意図したものであったことが繰り返される。どうやら、兼倫が「前淡路掾美努兼倫解」の原文においても「犯人」と呼ぶ美努公忠は、単なる実行犯に過ぎず、黒幕の美努真遠の指図に従って動いただけのようなのである。王朝時代における「犯人」の語は、実行犯を意味するものなのかもしれない。

しかし、実行犯の公忠は、自ら周到な準備をしたうえで、夜討ちを実行している。彼は、夜討ちの二ヶ月ほども前から、必要な戦力を集めることに奔走していたのである。

そして、公忠が手勢として集めた「不善《ふぜん》の輩《やから》」であるが、その字面からして、彼らは、悪漢の類であろう。しかも、公忠が集めた「不善の輩」は、正確を期して、原文の該当箇所を読み下した表現で示すならば、「赦免《しやめん》の不善《ふぜん》の輩《やから》」であった。彼らは、恩赦によって自由の身となったものの、本来ならば獄舎（刑務所）で拘禁されていなければならない犯罪者たちだったのである。公忠が組織した武士団は、初めから半ば盗賊団のような集団であった。

事実、長徳年間には、幾度も恩赦が行われ、多数の犯罪者が野に放たれていた。『日本《にほん》紀略《きりゃく》』によると、長徳元年の二月二十二日、「正暦《しょうりゃく》」から「長徳」への改元に付随して、謀反人などの重大犯罪者には適用されない一般的な恩赦が行われており、長徳二年の三月二十八日にも、一条《いちじょう》天皇の母親の東三条院《ひがしさんじょういん》藤原詮子《あきこ》が病臥したことを理由に、一般的な恩赦が行われているが、さらに、長徳三年の三月二十五日には、またも東三条院詮子が病臥したため、重大犯罪の犯人を含む全ての犯罪者を赦免する特別な恩赦が行われているのである。

「赦免の不善の輩」の実力

『小右記《しょうゆうき》』というのは、藤原道長《みちなが》と同じ時代を生きた藤原実資《さねすけ》という上級貴族の日記であるが、天元《てんげん》五年（九八二）二月二十七日の『小右記』は、その頃に玉座にあった円融《えんゆう》天皇の言葉を、次のように伝える。「最近、都の内が騒がしい。これは、驚き恐れるに十分なことである。『群盗《ぐんとう》』が世間に溢れており、殺人が連日のように起きているのだ」。

この言葉に端的に示されているように、王朝時代の都においては、当時は「群盗」と呼ばれた強盗団による犯罪が横行していた。

しかも、この「群盗」による犯罪というのは、実に凶悪なものであった。王朝時代の強盗団は、ただ押し入って盗みを働くだけではなく、かなりしばしば押し入った先の人々を傷付けたり殺したりしたのである。

例えば、長徳二年（九九六）六月十四日の『小右記』によれば、右近衛大将《うこのえのたいしょう》を兼ねる大納言《だいなごん》という上級貴族の藤原顕光《あきみつ》の邸宅に押し入った「群盗」は、顕光家において執事のような立場にあった橘内成《たちばなのうちなり》という中級貴族の息子を鉾《ほこ》で刺して負傷させている。しかも、この強盗団は、顕光邸の中で誰かに向けて矢を射かけてもいた。そして、その矢は、人に当たることはなかったものの、厩《うまや》に繋《つな》がれていた馬に当たったという。この一件から知られるように、「群盗」というのは、弓矢や鉾までをも備えるほどに武装した強盗団であった。

また、寛仁《かんにん》四年（一〇二〇）閏《うるう》十二月二十六日の『小右記』には、前加賀守《さきのかがのかみ》という中級貴族の源政職《まさもと》の邸宅が「群盗」に押し入られたうえ、主の政職が鉾に刺し貫かれて死んだことが見える。この強盗団も、鉾を備えていたのである。しかも、『小右記』によれば、

「群盗」の側にも政職の郎等に射殺されたとのことで死者が出ているのだが、これは、おそらく、政職の郎等たちと「群盗」との間で矢を射かけ合う戦いがあった結果であろう。この強盗団もまた、鉾とともに弓矢をも備えていたのである。

このように、王朝時代の強盗団である「群盗」は、かなり本格的に武装を施しており、かつ、それなりの戦闘経験を持ってもいた。たぶん、「群盗」の成員の多くは、それぞれに一人の武士（武者）だったのだろう。それゆえ、「群盗」というのは、言ってみれば、悪事を働く武士団のような存在であった。

そして、このような悪事を働く武士団としての「群盗」が世間に溢れているというのが、王朝時代の都の現実であった。円融天皇が「『群盗』が世間に溢れており、殺人が連日のように起きているのだ」と嘆いた如くである。

とすると、この時代、朝廷の刑務所である獄舎には、ほとんど常に、「群盗」の成員だった悪人が、数多く拘禁されていたことだろう。当時において都の警察行政を担った検非違使が、イタチごっこながらも、次々と「群盗」の成員たちを逮捕していたからである。検非違使も、けっして全く無能だったわけではない。

ところが、検非違使が幾らがんばろうが、恩赦などが頻繁に行われては、「群盗」の成員たちは、自由の身となってしまう。そして、美努公忠が自身の手勢に引き込んだ「赦免の不善の輩」たちの中には、「群盗」の経験者が少なからずいたことだろう。

そう考えるならば、公忠の武士団は、それなりに確かな実力を持っていたに違いない。

豪族たちの所有する田畠

それゆえ、前淡路掾美努兼倫は、若江郡使の上野掾源訪によって一度は美努公忠一党の襲撃を生き延びたものの、その後も、けっして油断するわけにはいかなかった。そもそも、検非違使庁に公忠とその一味との逮捕を懇願する「前淡路掾美努兼倫解」が書かれたのは、そうした事情があったからである。公忠とその一味とは、散り散りに逃げたとはいえ、いずれまた集まって自分の生命を狙うに違いない――そう兼倫は考えたのであった。

兼倫は訴える。「このままでは、私自身も、私の命令を聞く配下たちも、無事に暮らせる家を失い、『農業』を営むこともできなくなってしまいます」「私たちが『農業』に励むことができるようにしてくださるよう、お願い致します」と。

ところで、ここに明らかなように、美努兼倫という河内国若江郡の有力な豪族の生業は、「農業」であった。彼についても、公忠のように武士団を持っていたことが考えられるが、それでも、彼の生活の基盤は、あくまでも「農業」にあったのである。

ただ、有力な豪族であって下級貴族でもある兼倫の場合、「農業」を営むといっても、自ら鋤《すき》や鍬《くわ》を手にして汗水を流したわけではない。彼の「農業」は、鋤や鍬をはじめとする農具や種籾《たねもみ》を用意して、多くの庶民たちに大きな農地で汗水を流させるというものであった。

河内国若江郡の有力豪族である兼倫は、自身の居住地の名目で、同郡内の水利のいい土地を垣《かき》で囲い、かつ、その外側に堀《ほり》を廻らせていたはずである。また、その堀と垣とに囲まれた土地は、ただ住むだけには広過ぎるものであったはずで、一部には実際に幾棟かの家屋や蔵などが建てられたものの、大部分には田や畠が営まれていたに違いない。そして、王朝時代の言葉で「垣内《かいと》」と呼ばれる住居の敷地内の田畠は、当時の法において免税とされる農地であって、兼倫が使用人として召し使う庶民たちによって耕作され、かつ、その収穫は兼倫の収入の中核となっていたはずである。

また、兼倫は、右の垣や堀で囲まれて田畠を内包する居住地のすぐ外側にも、幾らかの田や畠を営んでいたことだろう。そうした田畠は、門前の田あるいは畠という意味で、「門田《かどた》」「門畠《かどばた》」と呼ばれたが、これらの農地も、王朝時代の法では税を免除されていた。

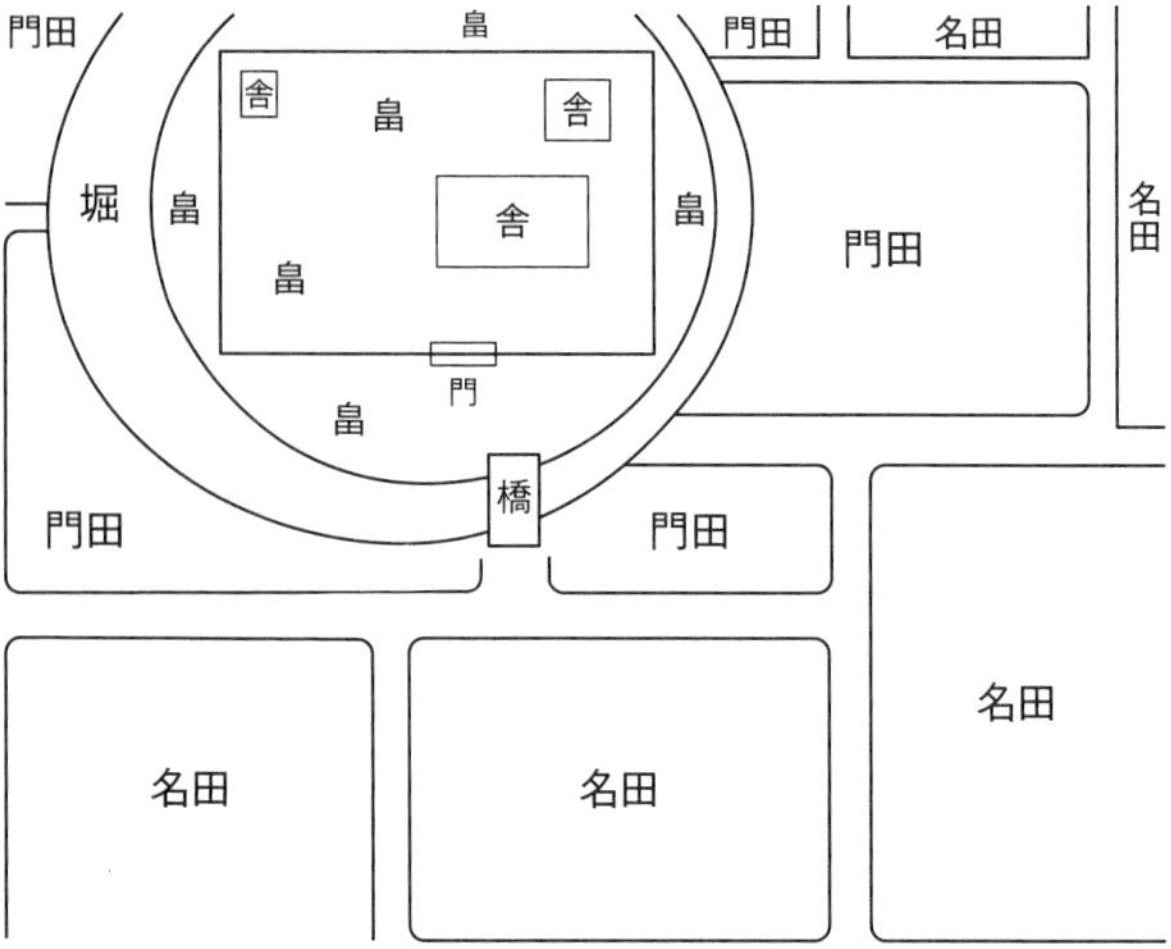

地方豪族の家

そして、これを耕作したのも、やはり、兼倫家の使用人の庶民たちであって、ここからの収穫も、やはり、兼倫の中核的な収入であった。

　このような少なからぬ田畠をともなう居住地を構えることは、王朝時代の地方豪族たちには広く共通していた。したがって、兼倫と同じく下級貴族であって河内国若江郡の有力豪族でもあったと思われる前伊豆掾の美努公胤も、右に見たのと同様の居住地を持っていたはずである。また、兼倫や公胤の生命を狙っていた美努公忠の四方に「箭倉《やぐら》」を構えていたという家も、やはり、門田や門畠を備えて堀と垣との内側にも田畠を持っていたことだろう。さらには、公忠が大和国や近江国の大津のあたりに持っていたという別宅も、同様のものであったに違いない。

そして、公胤にしても、公忠にしても、兼倫と同じように、「農業」こそを生業として、まずは自身の住居に附属する垣内の田畠や門田・門畠の収穫こそを、それぞれの収入の中核に据えていたことだろう。

農業経営者としての豪族

しかし、王朝時代の豪族たちの「農業」は、ただ垣内の田畠や門田・門畠のような居住地に附随する田畠を営むだけのものではなかった。

全ての人々に「口分田《くぶんでん》」と呼ばれる農地を均等に貸し与えるという班田収授の制度が崩壊していた王朝時代には、地方諸国の国府は、一定の大きさの広い農地の経営を請け負う者を募り、これに応じた者から定額の税を取るというかたちで、広大な公有農地を運用していた。当時の朝廷は、天皇が民の一人一人を支配していることの象徴として、民の一人一人から税を徴収するという、実現の困難な徴税方法を諦めて、一定の土地から一定の税を徴収するという、容易に実施できる徴税方法を導入したのである。

これは、朝廷にしてみれば、律令制の重要な理念を放棄することと同義であった。が、当時は、理念よりも現実を重視しなければならないほど、朝廷も追い詰められていたのである。そして、これを、歴史学者たちは、律令国家から王朝国家への変容として理解する。

それはともかく、この王朝国家の公有農地運用の仕組みにおいて、国府から公有農地の経営を請け負う者たちは、いつしか「田堵《たと》」と呼ばれるようになる。そして、その田堵になろうとする者には、ある程度の大きさの資本力の他に、多くの人々に対する影響力が求められた。というのは、広大な農地を経営するためには、多くの農具や種籾を用意する必要があるとともに、耕作に従事する多くの人手を用意する必要があったからである。

そのため、地方諸国において田堵として公有農地の経営を請け負ったのは、しばしば、それぞれの地域の有力豪族であった。そして、そうして田堵として公有農地を経営することも、当時の豪族たちの「農業」だったのである。当然、美努兼倫をはじめとする河内国若江郡の豪族たちも、同郡やその近隣の公有農地の経営を請け負う田堵となっていたことだろう。

また、王朝時代には、田堵に農地の経営を請け負わせるという農地運営は、国府の管理する公有農地においてのみならず、ほとんどの荘園においても、盛んに行われていた。すなわち、「荘司《しょうじ》」とか「荘官《しょうかん》」とか呼ばれた荘園の現地管理者たちは、農地の運営を請け負った田堵たちに定額の年貢を納めさせるというかたちで、荘園の農地を運営したのである。そして、田堵として荘園の農地の経営にあたったのも、しばしば、それぞれの地域に勢力を持つ豪族であった。それゆえ、美努兼倫に限らず、河内国若江郡の豪族たちは、地域の荘園の田堵にもなっていたかもしれない。

なお、当時、国府の持つ公有農地であれ、荘園の農地であれ、請け負う農地が広大である田堵は、特に「大名田堵《だいみょうたと》」と呼ばれた。これは、一人の田堵が請け負った農地が、書類上、「名《みょう》」と呼ばれる一括りの農地として認識されたからである。そして、美努兼倫もまた、美努氏の中で特に有力な一人であったらしいことからすれば、もしかすると、大名田堵の一人であったかもしれない。

また、「前淡路掾」の肩書を得られるほどに有力な豪族であった美努兼倫であれば、荘園の現地管理者の荘司（荘官）であったことも考えられないわけではない。が、その場合でも、兼倫は、やはり、自身も、一人の田堵として、荘園内の農地や荘園の近隣の公有農地の経営を請け負うこともしていたのではないだろうか。

下級貴族たちが盤踞する河内国若江郡

ここで、再び「前淡路掾美努兼倫解」に立ち戻るとして、先に示した現代語訳においては、「犯人」という言葉に、殊更に「 」を付けておいた。というのも、この言葉が、漢文の原文において、そのまま使われているからである。美努兼倫は、自分に夜討ちをかけた美努公忠以下の面々を、明確に「犯人」と呼んでいるのである。

が、「前淡路掾美努兼倫解」では、例の夜討ちが太皇太后宮史生《たいこうたいごうぐうししょう》の美努真遠の意図したものであったことが、繰り返し述べられている。つまり、兼倫の見るところ、彼を襲撃した一団の首魁であった美努公忠さえ、ただの実行犯に過ぎず、襲撃の首謀者ではなかったのである。とすれば、王朝時代における「犯人」の語は、実行犯を意味するものなのかもしれない。

そして、被害者の兼倫によって問題の夜討ちの首謀者として名指しされた美努真遠であるが、彼は、太皇太后《たいこうたいごう》昌子《まさこ》内親王《ないしんのう》の太皇太后宮職《たいこうたいごうぐうしき》の史生《ししょう》という官職を帯びる下級貴族であった。史生というのは、太政官《だじょうかん》をはじめとする諸官司に置かれた、主典《さかん》よりも下位の下級の事務官である。とはいえ、都の官職を得ていた真遠は、河内国若江郡の豪族としての美努氏の中でも、前淡路掾の美努兼倫や前伊豆掾の美努公胤と肩を並べる有力者であったろう。

また、「前淡路掾美努兼倫解」においては美努真遠の手足として働く実行犯に過ぎない美努公忠も、単なる有力豪族ではなく、実は、「前遠江介《さきのとおとうみのすけ》」の肩書を持つ下級貴族であったかもしれない。というのも、さまざまな任官の事例を集めて鎌倉時代に成立した『除目大成抄《じもくたいせいしょう》』から、天元《てんげん》四年（九八一）に円融《えんゆう》天皇の願《がん》かけによる仏像の造立《ぞうりゅう》を差配する臨時の官司の斡旋によって「正六位上《しょうろくいじょう》美努宿禰《みぬのすくね》公忠《きみただ》」が遠江介《とおとうみのすけ》に任官したことが知られるからである。この任官の事例が「前淡路掾美努兼倫解」に登場する美努公忠のものであるとすれば、彼は、兼倫に夜討ちをかけた長徳三年六月には、「前遠江介」を名告る身であったろう。そして、そうだとすれば、彼もまた、美努氏の中で兼倫・公胤・真遠と肩を並べる有力者だったことになる。

さらに、「前淡路掾美努兼倫解」に登場する人物としては、若江郡使として兼倫を救った上野掾の源訪も、河内国現地の豪族ではないにしても、上野掾の官職を有する下級貴族であった。しかも、この源訪の場合、長徳三年六月の時点において、兼倫・公胤・公忠とは異なり、前職ではなく現職の上野掾であった。彼は、現任の上野掾でありながら、河内守の郎等として河内国に下向し、河内守から若江郡使を命じられて若江郡に滞在していたのである。

これは、王朝時代の国司をめぐっては、守だけが国務の全権を握る受領国司として任国に赴任することが当たり前になっていたためであった。当時の朝廷は、受領国司ではない介《すけ》・掾《じょう》・目《さかん》について、任地に足を運ぶことのない遙任国司《ようにんこくし》となることを許していたのである。

とすると、兼倫も、公胤も、そして、公忠も、現職の淡路掾なり伊豆掾なり遠江介なりであった頃、遙任を決め込んで、豪族としての基盤を持つ河内国若江郡に留まっていたのかもしれない。太皇太后宮史生の真遠は、地元での抗争を公忠に代行させたことから見て、都に住んで太皇太后宮史生の任に就いていたのだろう。彼の場合、都と河内国との間に大きな距離がなく、かつ、地元に自身の代理となる手駒を確保していたために、安心して地元を離れることができたのである。しかし、遠方の諸国の介や掾に任じられた兼倫・公胤・公忠は、豪族としての自己の地盤を守るためにも、遙任を選ばざるを得なかったのではないだろうか。

第二章　他人の水田の稲を刈り盗る狼藉者たち

九段の田の稲をめぐる強盗傷害事件

「畿内《きない》」と呼ばれる山城国《やましろのくに》・大和国《やまとのくに》・摂津国《せっつのくに》・河内国《かわちのくに》・和泉国《いずみのくに》のどこかであろうか、それとも、「近国《きんごく》」と呼ばれる近江国《おうみのくに》・丹波国《たんばのくに》のどこかであろうか。都から遠くない土地であろうとは思われるのだが、残念ながら、この事件に関しては、その現場が判然としない。

しかし、事件そのものは、実にわかりやすいものであった。すなわち、長保《ちょうほ》元年（九九九）の晩秋のこと、三人の悪漢たちが、他人の田の稲を奪ったうえに、それを阻もうとする人々を相手に刃傷に及んだのである。現代であれば、強盗傷害事件というところであろうか。

この事件において大和掾《やまとのじょう》の多治秋友《たじひのときとも》が経営する九段の水田の稲を、勝手に刈り取って持ち去ろうとしたのは、凡河内助則《おおしこうちのすけのり》・多治比時胤《たじひのときたね》・今木為正《いまきのためまさ》の三人であった。そして、この三人の狼藉を止めようとして返り討ちにあったのは、大中臣忠行《おおなかとみのただゆき》・多治比菊本《たじひのきくもと》の二人であった。

ただ、このとき、稲の刈り盗りに関わったのは、助則・時胤・為正の三人だけではなかったかもしれない。というのも、九段の田の稲の刈り盗りが、わずか三人で可能だったとは、やや考えにくいからである。

「段《たん》」もしくは「反《たん》」というのは、前近代に広く用いられた面積の単位であり、王朝時代の一段（一反）は、約一四四〇平方メートルにあたる。ただし、この段は、豊臣秀吉の太閤検地の折に約九九二平方メートルに縮小され、それ以降はこの大きさで固定される。歴史の中で土地の面積を見る場合、太閤検地の以前と以後とで一段の大きさが異なるので、この点には注意されたい。

そして、王朝時代の一段を感覚的に理解しようとするならば、オリンピックの水泳競技で用いられるプールの面積が五〇メートル×二五メートルの一二五〇平方メートルなので、その約一・一五倍が一段となる。あるいは、テニスコートの面積が約二六一平方メートルなので、その約五・五倍が一段となる。

したがって、九段の水田というと、オリンピックプールの約一〇倍の広さであり、テニスコートの約五〇倍の広さである。もしくは、東京ドームのグラウンドや甲子園球場のグラウンドの面積が一三〇〇〇平方メートルなので、王朝時代の九段の水田は、野球のグラウンドほどの広さを持っていたことになろう。

また、律令の規定では、優良な水田である上田《じょうでん》ならば、一段から五〇束《そく》の稲が収穫され、普通の水田である中田《ちゅうでん》ならば、一段から四〇束の稲が収穫され、問題のある水田である下田《げでん》ならば、一段から三〇束の稲が収穫されるはずであった。「束《そく》」というのは、稲を数える単位であり、親指と中指とで一度に把むことができる稲の量に由来するが、要するに、一度の刈り取りの動作で刈り入れることのできる稲の量である。それゆえ、もし問題の九段の水田が全て中田であったとしても、そこには三六〇束もの稲が育っていたはずであった。

さて、このように計算してみると、九段の水田の稲を刈り盗るというのが重労働であったことは、明らかであろう。これは、わずか三人でできることではあるまい。

とすると、例の三人の悪人たちは、それぞれに従者を持つ立場にあり、それぞれが率いた従者たちに刈り盗りを実行させたのかもしれない。そして、彼ら自身は、その手で稲を刈ることはなかったのではないだろうか。助則・時胤・為正は、稲の刈り盗りを止めようとする忠行・菊本に斬《き》りかかって傷を負わせていることから見ても、おそらくは、田植えや稲刈りに従事することが当たり前の庶民の農民ではなく、武士（武者）として生きる身であったろう。

検非違使別当宣

右の武士と思《おぼ》しき三人による強盗傷害事件を現代に伝えるのは、次に紹介する長保元年（九九九）九月九日の日付を持つ検非違使別当宣《けびいしべっとうせん》の下書きである。これも、「三条家本北山《さんじょうけぼんほくざん》抄裏文書《しょううらもんじょ》」の一通であり、また、この文書の紹介も、現代語に訳してのこととなる。

使《し》

案《あん》

検非違使別当殿《けびいしべっとうどの》のご命令を承《うけたまわ》るに、別当殿は、「凡河内助則《おおしこうちのすけのり》・多治比時胤《たじひのときたね》・今木為正《いまきのためまさ》らが、正当な理由もなく、大和掾《やまとのじょう》の多治秋友《たじひのときとも》が経営する九段《たん》の水田の稲を刈り取って運び去ろうとしていたので、それをやめさせようと、秋友が大中臣忠行《おおなかとみのただゆき》・多治比菊本《たじひのきくもと》を連れて現場に出向いたところ、助則たちは、どちらに非があるかを考えることもなく、斬《き》りかかって忠行・菊本を負傷させて、稲を運び去ったので、助則・時胤・為正らを拘束して罪状を取り調べよ」との仰《おお》せである。

長保《ちょうほ》元年（九九九）九月九日　右衛門大尉《うえもんのだいじょう》藤原経成《つねなり》がご命令を承《うけたまわ》る

検非違使別当が部下の検非違使たちに指令を出す場合、ただ口頭で命じることもあれば、改めて書面にして命じることもある。そして、書面になった検非違使別当の命令は、「検非違使別当宣」あるいは「別当宣」と呼ばれたが、これは、まずは検非違使の一人が別当から口頭で指令を受けて、その検非違使が別当の指令の言葉を文書にするというものであった。

この命令書の最初の行の「使《し》」の文字は、指令の対象が検非違使であることを意味しており、二行目の「案《あん》」の文字は、これが下書きであることを意味する。そして、この命令を下したのは、長徳《ちょうとく》二年（九九六）から長保三年（一〇〇一）まで検非違使別当の任にあった藤原公任《きんとう》に他ならない。

なお、右に「右衛門大尉《うえもんのだいじょう》」の肩書で登場する藤原経成《つねなり》であるが、今回、検非違使別当の藤原公任から最初に口頭で指令を受けた検非違使は、この経成であった。彼は、右衛門大尉にして検非違使を兼ねる身だったのである。あるいは、彼は、検非違使を兼ねる右衛門大尉であった。

ここで、検非違使についてやや詳しく触れておくならば、この検非違使というのは、少し特殊な官職であって、常に都の治安を維持し、ときには地方の治安維持にも介入するという、非常に重い職務を担っていたにもかかわらず、検非違使の職務だけに専念できる専任の検非違使というものは、存在していなかった。原則として、検非違使は、左衛門府《さえもんふ》の官人たちもしくは右衛門府《うえもんふ》の官人たちの中から特に選ばれた者が、勅命を受けて兼任することになっていたのである。そして、それゆえに、検非違使の藤原経成は、右の検非違使別当宣に、右衛門大尉として登場したのであった。

なお、この検非違使別当宣は、はっきりと助則・時胤・為正の三名だけを犯人として名指しする。そして、それは、彼らがそれぞれに多くの手下を使っていたとしても、この三人こそが主犯と見做《みな》されたからであろう。

また、そもそも、右の如き事件が起きることになったのは、問題の九段の水田が、大和掾の多治秋友が田堵《たと》として経営する水田だったからかもしれない。

田堵の理想像

『新猿楽記《しんさるがくき》』というのは、王朝時代を代表する漢学者の一人である藤原明衡《あきひら》の作品であるが、同書は、右衛門尉《うえもんのじょう》の官職を帯びる架空の下級貴族の架空の家族たちを紹介するというかたちで、当時の下級貴族たちの多様な生業を紹介する。次に現代語訳で紹介するのは、その『新猿楽記』のうち、右衛門尉某《なにがし》の三女の夫が紹介される部分である。そして、ここに「大名田堵《だいみょうたと》」として登場する田中豊益《たなかのとよます》は、架空の人物でありながらも、王朝時代の人々が思い描く田堵の理想像なのである。

三女《さんじょ》の夫《おっと》は、出羽権介《でわごんのすけ》の田中豊益《たなかのとよます》である。この者は、専ら農業経営を生業と決めていて、少しばかりもそれ以外のことを仕事にする考えはない。彼は、数町の田地の耕作権保有者であって、「大名田堵《だいみょうたと》」（大規模な農地の農業経営者）である。

豊益は、事前に旱魃《かんばつ》になることを見越して鋤《すき》や鍬《くわ》などの農具を調達して、いつの間にか耕地が痩《や》せているか肥《こ》えているかを調べて馬や牛に牽《ひ》かせる大型の犂《すき》を準備しておく。さらに、あるときは、河川から田に水を引くための水門や堤防や水路や畔《あぜ》を造成するにあたって、作業にあたる農民たちに立派な酒食を振る舞い、あるときは、種蒔・苗代《なわしろ》作り・代掻《しろか》き・田植えなどを行うにあたって、作業にあたる男女に豪華な宴席を用意する。彼の経営する農地で作られる早稲《わせ》・晩稲《おくて》・粳糯《うるち》などの多様な稲は、その収穫が他の農業経営者の経営する田地の収穫よりも多く、それを精米した後の米の量が年を重ねるごとに増えていく。そればかりか、彼が畠で栽培する麦《むぎ》・大豆《だいず》・大角《ささげ》・小豆《あずき》・粟《あわ》・黍《きび》・稗《ひえ》・蕎麦《そば》・胡麻《ごま》までもが、たいへんな豊作になる。

この農業経営者は、春に一粒の種を地面に蒔いただけで、秋には万倍の稔りを蔵に収める。彼には、春の田作りからはじめて秋の刈り入れに至るまで、少しばかりの手抜かりもない。彼は、毎年のように五穀豊穣の幸いを享受しており、これまでに旱魃・洪水・虫害・不作などの不幸に見舞われたことがない。

豊益の場合、受領国司《ずりようこくし》や荘園領主の派遣する検田使《けんでんし》や収納使《すいのうし》に対する接待の費用負担も、朝廷の派遣する使者に対する接待の費用負担も、けっして嫌がったりはしない。ましてや、彼は、納税や受領国司に対する接待に関しては、ほんの少しの出し惜しみもしない。この豊益は、貴族ならば免除されているはずの税を納めていて、庶民のようなみっともない立場にありはするものの、それでも、貴族然としてはいるものの困窮していて周囲の施しに頼っている貴族たちよりは、ましである。

ここに明らかなように、田堵の仕事というのは、公有の農地か荘園の農地かを問わず、他人の農地を預かって、農業経営に励むことである。田堵が従事したのは、農具（鋤・鍬・犂）や農耕用の牛馬を確保するとともに、農作業を行う庶民層の労働者たちを雇い集めて、それによって、自分のものではない農地から収益を上げるという営みであった。

なお、王朝時代の田堵が経営した農地の大きさは、一段の一〇倍の一町《ちょう》ほどが平均的である。したがって、数町もの農地を預る田中豊益などは、まさに「大名田堵《だいみようたと》」であった。そして、九段の農地を経営していた多治秋友は、平均的な田堵であったことになるが、それでも、ときに、大名田堵との比較で「小名田堵《しようみようたと》」と呼ばれたかもしれない。

八つ当たりする田堵

田堵の農業経営に特徴的なことの一つとして、経営する農地は、常に同じとは限らなかった。田堵は、例年のように同じ国なり同じ荘園なりの農地を預かりながらも、去年と今年とでは異なる農地を預けられたかもしれなかったのである。また、田堵の場合、そもそも、今年と来年とでは異なる国や異なる荘園の農地を預かることさえあった。

それゆえ、田堵たちは、毎年、必ずしも自身の希望する通りの農地を経営することができるとは限らなかった。彼らは、前年には上田と認められるような優良な農地を預かったにもかかわらず、当年には下田と認められるような劣悪な農地を預からざるを得ないこともあっただろう。

そして、こうした事情は、ときに田堵たちの間に軋轢《あつれき》を生じさせた。

例えば、昨年は上田を経営していながら今年は下田をあてがわれた田堵などは、やはり、小さくはない不満を持ったに違いあるまいが、その不満は、どうかすると、新たに上田を預かることになった田堵に向けられることもあったのではないだろうか。もちろん、新しく上田の経営者となった田堵からすれば、それは、全くの八つ当たりでしかない。が、その八つ当たりをしてしまうのが人情というものであり、上田を取り上げられて下田を押し付けられた田堵は、今や他人の経営地となっている上田に嫌がらせをすることもあっただろう。

そして、そうした嫌がらせの典型的なものの一つが、そこに育つ稲を勝手に刈ってしまうというものであった。この勝手に稲を刈り盗るという嫌がらせは、収穫期以前に行った場合でも、相手に大きな損失を与えることができたが、収穫期に入ってから行う場合には、相手に損失を与えたうえに、自身には大きな利得をもたらすことになる。

とすると、経営する九段の水田の稲を刈り盗られた大和掾の多治秋友と、秋友の水田の稲を刈り盗った凡河内助則・多治比時胤・今木為正との間にも、田堵どうしの軋轢があったに違いない。

多治秋友の氏の「多治」も、多治比時胤の「多治比」も、本来、「たじひ」と読まれる氏なのだが、この「多治比」「多治」の他に「丹墀」「丹治比」「丹治」とも表記される氏は、実は、宣化《せんか》天皇を祖とする飛鳥時代以来の名族であって、奈良時代直前には、多治比嶋《しま》は左《さ》大臣《だいじん》に至っており、奈良時代に入ってからも、嶋の息子の多治比池守《いけもり》が大納言《だいなごん》に昇った他、同じく嶋の息子の縣守《あがたもり》・広成《ひろなり》・広足《ひろたり》も中納言《ちゅうなごん》に昇っている。残念ながら、平安時代に入って以降の多治比氏は、河内国丹比《たじひ》郡《ぐん》を中心に畿内や近国の各所に散らばる地方豪族でしかなくなるものの、その系譜に連なる秋友・時胤は、いずれも田堵を生業とする地方豪族だったに違いない。

また、凡河内助則の凡河内氏は、大和朝廷の時代から摂津国・河内国・和泉国に勢力を持つ豪族であり、今木為正の今木氏は、山城国宇治《うじ》郡《ぐん》の豪族であったらしく、奈良時代には同郡の郡司《ぐんじ》を出している。とすれば、助則・為正も、地方豪族として田堵を営んでいたとしてもおかしくはないだろう。

どうやら、長保元年九月九日付検非違使別当宣の扱う事件は、田堵の生業のあり方のゆえに生じる田堵どうしの軋轢に端を発するものであったらしい。

苅田狼藉

言うまでもなく、他人の経営する水田の稲を刈り盗ることは、王朝時代においても、犯罪行為である。が、これを嫌がらせとして行うことは、当時、かなり一般化していた。それどころか、この嫌がらせは、王朝時代以降にも盛んに行われ続けて、鎌倉時代に入ると、「苅田《かりた》狼藉《ろうぜき》」と呼ばれるようになる。これは、かつては、名称を与えられるほどに一般的な嫌がらせであった。

次に紹介するのは、苅田狼藉の被害者からその加害者に宛《あ》てられた手紙である。これは、『高山寺《こうざんじ》本古《ぼんこ》往来《おうらい》』の名称で知られる王朝時代の書簡例文集に納められた五十六通の消息文の一つであり、原文は漢文であるが、ここでは現代語に訳してある。


謹んで申し上げます。この郡で私が経営している水田は、今年になって新しく開墾しそして、ここ数日は、なかなか雨がやまず、二町の田の稲を刈り取った入れることができないでおりました。

ところが、今朝、うちの田で稲の見張りをする童が、急に駆け戻ってきて申しますには、「派手な衣裳をまとった男で名前を知らない誰かが、従者たちを引き連れて、うちの田に入って、好き勝手に稲を刈り盗っています。私がやめるように言っても、その連中は、『馬の飼料にするのだ』と言って、少しもやめようとしません」とのことでした。それで、私は、驚きまして、使者を出して、うちの田の稲を勝手に刈る者たちを取り押さえさせまして、彼らの身元を確かめさせましたところ、彼らは「あの方《かた》のところの厩舎人《うまやとねり》である」と言いましたので、そのことの真偽を確かめる前に、また、勝手に稲を刈ったことで罰する前に、うちの従者を使者としまして、刈り盗られた稲ともども、稲を刈った連中を差し出します。つきましては、この件に関しまして、そちらでお裁きくださいますと、幸いです。謹んで申し上げます。

『高山寺本古往来』所収の書簡のほとんどは、差出人もわからなければ、宛名人もわからない。が、右の一通に関しては、差出人が田堵であったことと、宛名人が地域のかなりの有力者であったこととが、容易に推測されよう。特に宛名人をめぐっては、右に「あの方《かた》」と訳した部分は、原文では「御曹司《おんぞうし》」となっていて、都の貴族社会に由緒を持つような人物であることも考えられる。また、そう考えるならば、この事件の舞台も、畿内か近国かであったかもしれず、そうすると、差出人の田堵は、畿内もしくは近国に勢力を持つ豪族の一人であったろう。

そして、右の手紙は、最初に触れたように、苅田狼藉に関するものであるが、ここに語られる苅田狼藉では、差出人の側が被害者であり、宛名人の「あの方」（「御曹司」）の側が加害者であった。そのため、右の文面は、苅田狼藉の被害を訴えながらも、非常に丁重である。加害者の「あの方」と被害者との立場の違いは、ずいぶん大きなものであったに違いない。

とはいえ、被害者の側としては、苅田狼藉の被害を、加害者の側に訴えないわけにはいかなかった。この苅田狼藉が行われたのは、まさに収穫期の最中の事であったため、ここで引き下がったりすれば、被害者は、今期の苦労を無にすることになるのである。

暴走する従者たち

ただ、この苅田狼藉は、必ずしも、加害者側の「あの方」（「御曹司」）の意図したものではなかったのかもしれない。今回の事件は、「あの方」の意思とは無関係に、「あの方」の従者が暴走して起こしたものであったらしい。

そのことは、右の手紙に対する「あの方」（「御曹司」）からの返事の手紙に明らかであろう。次に現代語訳で紹介するのが、その返書である。

謹んで申し上げます。うちの従者の飛鳥部安用《あすかべのやすもち》がしでかしたことにつきましては、詳しくお聞きしました。そもそも、この国において経営されている水田は、その全てが、税を納めるためのものです。それにもかかわらず、真昼に堂々と水田に乱入して好き勝手に稲を刈り盗るなど、その罪状は、強盗と異なりません。そのため、件の安用は、まずは当方で罰を与えて、その後、国府《こくふ》に引き渡して拘禁してもらいました。また、あの者には、よくよく言って聞かせました。これは、ただ単に本日の犯罪を戒めるためだけではなく、将来においても同じことをさせないためです。言葉が足りないながらも、謹んで申し上げます。

これによると、飛鳥部安用《あすかべのやすもち》というのが、「あの方」（「御曹司」）の厩舎人《うまやとねり》を称して問題の苅田狼藉に及んだ一団の中心人物であったらしい。そして、この安用は、「あの方」が苅田狼藉のことを知るや、ただちに他ならぬ「あの方」にこっぴどく叱られたうえに、国府に突き出されたのであった。

とすると、件の苅田狼藉は、「あの方」の意に出るものではなかったのだろう。それは、「あの方」の従者である飛鳥部安用が、主人が知らないところで、勝手に起こした事件だったのである。

ただ、王朝時代の史実として、厩舎人というのは、一つの貴族家なり一つの豪族家なりにおいて、全くの下《した》っ端《ぱ》であった。厩舎人は、普通、ただの庶民であって、その主である貴族や豪族にとっては、単なる使用人に過ぎなかったのである。その点からすれば、例の苅田狼藉を行った一団は、確かに「あの方」の厩舎人たちであったかもしれないが、飛鳥部安用だけは、そうした厩舎人たちとは一線を画す立場にあったのではないだろうか。

被害者側からの情報によれば、苅田狼藉を行った一団は、派手な衣裳の男に率いられていたらしいのだが、おそらく、この派手な衣裳を身に着けた引率者こそが、飛鳥部安用であったろう。そして、彼は、「あの方」の一家において、厩舎人そのものだったわけではなく、厩舎人たちを監督する立場の厩担当の郎等だったのではないだろうか。そう考えた方が、苅田狼藉の一団の中で一人だけが派手な衣裳をまとっていたことについても、その一団の中で一人だけが厳しく処罰されたことについても、納得することができるだろう。

なお、「あの方」の厩担当の郎等の飛鳥部安用が、急に苅田狼藉に及んだのは、そもそも、常日頃から、「あの方」と被害者との間に、田堵どうしならではの軋轢が存在していたためかもしれない。従者というのは、主人の顔色に敏感なものである。そして、従者は、主人の歓心を買おうとするものであった。それゆえ、主人が明確な意思表示をせずとも、従者が勝手に主人の潜在的な敵に手を出すということも、しばしば起きるものだったのである。

第三章　高利貸の横暴な取り立てに苦しむ未亡人

王朝時代の悪徳高利貸

次の事件の舞台は、山城国紀伊郡《やましろのくにきいぐん》である。同郡は、平安京を真南に幾らか下った地域であって、われわれの感覚からすれば、地方というよりも、首都近郊といったところのようだが、千年前の王朝時代においては、この地の風景も、河内国若江郡《かわちのくにわかえぐん》の風景も、ほとんど同じようなものであったろう。

そして、この事件もまた、武士（武者）でもあるような現地の有力な豪族によって起こされたものであった。この件で訴えられた秦兼信《はたのかねのぶ》は、「丹後掾《たんごのじょう》」の肩書を持つ下級貴族であるとともに、それなりの武力を保有する山城国紀伊郡の有力豪族だったのである。

山城国というのは、もともと秦氏の盤踞《ばんきょ》する地であったから、王朝時代の同国紀伊郡に秦氏の有力豪族がいたとしても、それは特別なことではない。そして、これもまた、当時においては特別なことではなかったのだが、秦兼信という豪族は、高利貸でもあった。

その秦兼信が言うには、彼は、おそらくは同じ山城国紀伊郡に住む物部茂興《もののべのしげおき》という人物に、二石五斗《こくと》の米を貸し付けていた。これは、当時の言葉で言えば、「私出挙《しすいこ》」である。古代に融資が「出挙《すいこ》」と呼ばれていたことは、高等学校の日本史の教科書にも見えていよう。教科書的な説明では、国府《こくふ》などの公的な機関の行う融資は「公出挙《くすいこ》」と呼ばれ、個人が私的に行う融資は「私出挙」と呼ばれていた。

ただ、米を貸し付けたというのは、現代人には奇異に思えることかもしれない。が、王朝時代においては、全く普通のことであった。というのも、朝廷の発行した銭が貨幣として機能していなかった当時においては、米が主要な通貨の一つとなっていたからである。『日本紀略《にほんきりやく》』という歴史書から知られるところでは、永延《えいえん》元年（九八七）十一月二日、一条《いちじょう》天皇の朝廷は、身分の上下を問わず、銭を使おうとしない者を取り締まるよう、検非違使《けびいし》に命じており、また、同じ月の二十七日、朝廷は、銭が貨幣として流通するよう、延べ人数にして八千四百人以上にもなる多数の僧侶たちを動員して、多くの寺々で祈禱させている。王朝時代に銭が機能していなかったことは、ここからでも十分に読み取れよう。

さて、そうした時代にあって、秦兼信は、物部茂興に米二石五斗を融資したと主張するのだが、これもあくまで兼信の主張するところ、この二石五斗は、数年の後、元本と利息とを合わせて二十五石になった。すなわち、物部茂興が兼信から負った債務は、数年間にして、十倍にもなってしまったのである。

　これは、現代人の感覚にも、ひどく利率の高い融資であるが、実のところ、王朝時代においては、完全に違法な融資であった。融資にともなう利息に関して、古代の政府（朝廷）は、現代の政府などよりもはるかに良識的な見解を持っていて、元本を超える額の利息を取ることを禁じていたのである。これを定めたのは、桓武《かんむ》天皇の父親の光仁《こうにん》天皇であるが、その光仁天皇は、宝亀《ほうき》十年（七七九）の九月二十八日、「一倍《いちばい》を過《す》ぐるの利《り》を以《もっ》て得《え》ざれ」という勅《ちょく》を発して、これに違反する者は違勅《いちょく》の罪《つみ》に問うて厳しく罰することにしたのであった。

　したがって、もし秦兼信が物部茂興に米二石五斗を貸し付けたという事実があったとしても、この貸し付けによって発生する利息は、法に従う限り、返済までの年数に関わりなく、二石五斗を超えることはなかったはずなのである。

内蔵貴子の訴え

ちなみに、この「一倍《いちばい》を過《す》ぐるの利《り》を以《もっ》て得《え》ざれ」という融資の利息をめぐる禁制は、その後、少なくとも建前としては、中世の終わりに至るまで存続する。元本が返済されるまで利息が際限なく膨らむという、非人道的な融資が公式に認められるのは、ようやく近世以降のことなのである。

とすれば、元本の九倍もの額の利息を要求する秦兼信は、有力な地方豪族にして、かなり質《たち》の悪い高利貸であり、言ってみれば「悪徳高利貸」であったことになる。

次に現代語訳で紹介するのは、「三条家本北山抄裏文書《さんじょうけぼんほくざんしょううらもんじょ》」の一通で、「内蔵貴子《くらのたかこ》解《げ》」として知られる古文書であるが、これこそが、秦兼信の悪徳高利貸ぶりを告発する公文書である。

> 内蔵貴子《くらのたかこ》が文書を差し上げて検《け》非《び》違《い》使庁《しちょう》の裁定を申し請います。
> 法律家の意見書および国府《こくふ》発行の証明書などにもとづいて山城国紀伊郡深草郷《やましろのくにきいぐんふかくさごう》に住む丹後掾《たんごのじょう》秦兼信《はたのかねのぶ》に奪い盗られた家および私有地などの権利書をきっとお返しいただきたく存じます。
> 右のことですが、問題の土地などは、先祖の時代の財産を相続したものなのです。

しかし、例の秦兼信は、貴子の年老いた母親および弟で僧侶の覚珍《かくちん》の私宅に「乱入」しまして、二人を責め立てて、「貴子の死んだ夫の物部茂興《もののべのしげおき》は、生前、二石五斗《こくと》の米を借りておいて、これを返済しないうちに死んでしまった。おまえたちは、今すぐにも、数年分の利息と合わせて、二十五石の米を弁済しろ」と言ったのです。これに対して、弟の覚珍は、「私は、その米について、茂興殿が生前に借りたかどうかを知らない。もしも、その件の借用書があるならば、姉の内蔵貴子に話をつけてほしい」と言いました。ところが、兼信は、借用書を見せることもなく、無暗に母と弟とを責め立てたのです。また、仮に借用書があったとしても、どうして、数年分もの利息を要求される必要がありましょうか。しかし、兼信は、彼の言う返済すべき米の代わりとして、母や弟を責め立てて、私有地や家などの権利書を奪い盗ったのです。

こうしたとき、本来なら、近隣の刀禰《とね》たちに今回の事件の証明書を出してもらうところでしょう。しかし、例の兼信は、地域の刀禰たちの中で特に有力な一人でして、他の刀禰たちは、兼信の言いなりであるため、刀禰たちが事件の証明書を出すことなどあり得ないのです。そこで、一つには山城国の国司に願い出て、いま一つには法律の専門家に相談して、それで、国府発行の家や土地の権利の証明書および法律家の意見書を兼信に突き付けましたが、兼信は全く取り合いません。そこで、国府発行の証明書や法律家の意見書などを副えて、検非違使庁に申し上げるのです。つきましては、検非違使庁が裁定を下されて、例の兼信を取り調べて、道理にもとづいて兼信に奪い盗られました権利書などを取り戻してくださって、後の時代までの困りごとを解決してくださいますよう、お願い致します。そこで、このような文書を記しまして差し上げる次第です。

長徳三年五月二十日　　内蔵貴子

ここに見える兼信の悪徳高利貸ぶりは、なかなかのものであろう。

家・土地の権利書

「内蔵貴子解」によれば、悪徳高利貸の秦兼信の悪徳ぶりは、違法な利息を要求するところに見られるばかりではない。

兼信の主張するところ、彼は、物部茂興に米二石五斗を貸し付けていたが、その茂興は、負債を残して死んでしまった。そして、このように主張する兼信は、茂興に対する融資の返済を、茂興の妻の老齢の母親と弟とに迫って、ついにはこの二人から二人の所有する家や土地の権利書を取り上げたのであった。

なお、このひどい取り立ての際、内蔵貴子の弟で僧侶であった覚珍《かくちん》は、出家者にふさわしい冷静さで、兼信に対して、二点の実に正当な要求をしている。

その一つは、兼信の主張する融資に関する文書を、つまりは、物部茂興の借用書を提示することであった。確かに、もし、そのような文書が存在していなければ、兼信は、ただただ架空の融資をでっち上げたことになるのだから、覚珍は、当然のことを求めたのである。また、覚珍から兼信への要求の二つ目は、もし本当に茂興には兼信に対する負債があるとして、その負債の返済を茂興の妻であった内蔵貴子に求めることであった。これも、債務者が死亡している場合の取り立てのあり方として、あまりに当然のことであろう。

だが、悪徳高利貸の兼信は、覚珍の二つの要求を、二つながら無視した。彼は、茂興の借用書を提示することもないまま、覚珍と母親とに米二十五石の支払いを要求し続けて、ついには彼らから彼らの持つ家および土地の権利書を取り上げたのである。

顚末から見て、この取り立てには、おそらく、暴力が使われるか、もしくは、暴力がちらつかされるか、といったことがあったのだろう。現地の有力豪族であった兼信は、取り立てに際しても、その郎等《ろうどう》たちを引き連れていたはずである。となれば、僧侶と老婆とであって兼信の一団に抗《あらが》う術《すべ》を持っていたとは思えない二人は、最終的には、言われた通りに権利書を引き渡すしかなかっただろう。

ちなみに、王朝時代の日本では、文書行政が十分に発達していて、家や土地には、それぞれの権利書があることが当たり前になっていた。それゆえ、当時は、貴族であれ、庶民であれ、自身の所有する家や土地については、その権利書を持っていて、家や土地を正当に譲渡したり売却したりするに際しては、その権利書を引き渡すものだったのである。

このあたりは、かなり徹底されていたと見えて、どうかすると、当時の説話にも反映されていたりする。例えば、『今昔物語集《こんじやくものがたりしゆう》』巻第十六第二十八の「長谷《はせ》に参《まい》る男《おとこ》の観音《かんのん》の助《たす》けに依《よ》りて富《とみ》を得《う》る語《こと》」という話は、われわれが「わらしべ長者」として知る昔話の平安時代版あるいは王朝時代版といったところなのだが、この話の主人公の年若い下級貴族が、長谷寺に参籠した後、門前で手にした「藁《わら》の筋《すじ》」からはじめて、さまざまな物品との交換を経て、最後に手にするものは、平安京の南の外れにある一町の水田の「券《けん》」なのである。『今昔物語集』に言う「藁の筋」「券」が、それぞれ、わらしべと権利書とであることは、言うまでもあるまい。

とはいえ、そうした発達した文書行政を逆手に取るかのように、正当な権利書を違法な手段で手に入れようとする輩がいたことも、王朝時代の確かな史実であった。

権利書再発行の手続き

権利書の存在が当たり前になっていた王朝時代においては、例えば火災などによって家や土地の権利書を失ってしまった場合、その再発行の手続きが必要であった。

次に現代語訳で紹介するのは、奈良の栄山寺《えいざんじ》に伝わった古文書の一つで、大和国の某所に暮らす桜島某《さくらじまのなにがし》が、自宅の火災に際して失った土地の権利書の再発行のため、大和国の国府に提出した書類である。

謹んで文書を差し上げて関係諸官司による証明を申請します。

この四月五日、出羽掾殿《でわのじょうどの》のもとを訪れた右近衛大将藤原済時《うこのえのたいしょうふじわらのなりとき》さまの使者のために、私の「河辺の宅《かわべのいえ》」と呼ばれる私宅が燃えてしまったことを証明するため、署名・捺印をしていただきたく存じます。

一つ、広さ五間《ま》で二面に庇《ひさし》のある板屋《いたや》二棟《むね》およびその中にあった家財や土地の権利書などが焼けた。

一つ、河南《かわみなみ》の三条《じょう》五里《り》二坪《つぼ》の二段《たん》の土地の権利書および同六里二十五坪の二段の土地の権利書などが焼けた。

右のことですが、問題の私宅が焼けてしまった折、所有する農地の権利書も、その全てが焼けてしまったのです。

つきましては、関係する諸官司が裁定を下されて、事実にもとづいて火災のことを証明する署名・捺印をしてくださり、この文書を新しい権利書としてくださいますよう、お願い致します。そこで、このような文書を記しまして差し上げる次第です。

天元《てんげん》五年五月十一日　　桜島宿禰《さくらじまのすくね》

右に言う火災は、事実である。そこで、この文書には刀禰《とね》たちが証明の署名をします。

僧

藤原光明《みつあき》

桜島《さくらじまの》

出羽掾《でわのじょう》桜島

判《はん》
行事《ぎょうじ》内蔵尋《くらのたずぬ》

この文書は、日付の行までが、差出人の桜島某(「桜島宿禰」)によって書かれたものである。そして、これに、まずは「出羽掾《でわのじょう》」の肩書を持つ下級貴族の桜島某(「桜島宿禰」とは別人)をはじめとする地域の刀禰たちが、その内容を証明する署名を加え、最後に、大和国の国府《こくふ》の官人であり「行事《ぎょうじ》」の肩書を持つ内蔵尋《くらのたずぬ》が、国としての認可(「判」)を示すため、署名をしたうえで大和国の印を捺して、右のようになったのであった。

この文書は、刀禰たちの間で回覧された後、大和国府に提出されて、また差出人の桜島某の手に戻ったものである。そして、そうして桜島某(「桜島宿禰」)が再び手にしたときには、この文書こそが、彼が自宅の火災で失った宅地や農地の新しい権利書になっていた。

これが、王朝時代における権利書の再発行の手続きである。

刀禰の役割

したがって、丹後掾秦兼信に家・土地の権利書を奪われた僧覚珍とその母親とも、右に見たのと同様の手続きを取れば、自身の家・土地の新しい権利書を手にすることができるはずであった。そして、その場合、兼信の持つ古い権利書は、権利書としての効力を失うことになる。

ところが、右に見た実例からわかるように、この手続きには、地域の刀禰たちの協力が必要不可欠であった。新たな権利書となる文書は、刀禰たちの署名を得て、初めて国府に提出することができたのである。

なお、刀禰というのは、第一章でも少し触れたように、地域の有力者として公認された者のことである。農業こそが基幹産業であった当時、地方の刀禰のほとんどが農業を営んでいたと思われるが、ただし、刀禰になるような人々は、自ら鍬《くわ》や鋤《すき》を振るう農業労働者ではなく、「田堵《たと》」と呼ばれる農業経営者であったろう。その中には、広大な面積の農地の経営を請け負って「大名田堵《だいみようたと》」と呼ばれる者もいたかもしれない。

また、この刀禰たちを、地方諸国の国府は、国内行政の末端に位置付けていた。つまり、刀禰は、国の仕事を分担する立場にあったのである。そして、その一つが、右に見た権利書の再発行に際しての事実関係の証明であった。また、それ以外にも、家や土地の譲渡や売買があって権利書の所有者に変更がある場合、その変更の事実を証明することも、刀禰たちの役割であった。国府は、基本的に、そうして刀禰が現地で証明したことにもとづいて、さまざまなことに最終的な承認を与えたのである。

が、この刀禰の立場は、ときに悪用されることもあった。

出羽掾の桜島某が大和国某郡の刀禰であった如く、また、前淡路掾《さきのあわじのじょう》の美努兼倫《みぬのかねとも》が河内国《かわちのくに》若江郡《わかえぐん》の刀禰であった如く、しばしば、地方在住の有力豪族が地域の刀禰になっていた。当然、そうした有力豪族の刀禰は、大名田堵でもあっただろう。そして、有力豪族であり武士であり大名田堵でもある刀禰は、美努兼倫がそうであったように、しばしば、地域の刀禰たちを主導する立場にあった。つまり、刀禰たちは、必ずしも対等な存在ではなかったのである。

それゆえ、もし地域の刀禰たちを主導する立場にある刀禰が不心得者であったりすれば、刀禰たちが国府から任されていた行政には、恣意的な歪みが生じることになっただろう。言い換えるならば、刀禰たちによる行政は、主導的な刀禰の恣意に従って、幾らでも不公正なものにもなり得たに違いあるまい。

そして、その典型的な例が、「内蔵貴子解」には見えている。彼女が言うには、彼女の母親と弟とは、秦兼信によって家・土地の権利書を奪われたとき、本来なら、地域の刀禰たちの協力を得て新しい権利書を手にすればよかった。が、その地域において最も主導的な立場にある刀禰が、こともあろうに、二人から権利書を奪った兼信だったのである。これでは、地域の刀禰たちが被害者の二人の味方をするはずがなかった。

おそらく、兼信が虚実の怪しい融資を口実に内蔵貴子の母親や弟から家・土地の権利書を奪ったのは、その地域での自身の立場をよく理解してのことであったろう。この悪徳高利貸は、自身が武士であり地域で最も有力な刀禰であることを、最大限に利用していたのである。

女性の田堵

ところで、「内蔵貴子解」を書いて丹後掾秦兼信の横暴を検非違使庁に訴え出たのは、当然のことながら、内蔵貴子という女性であるが、その貴子とは、どのような人物だったのだろうか。

「内蔵貴子解」が内蔵貴子について明確に語るところは、実に少ない。貴子に関して、この告訴状から間違いなく読み取れることは、次の八点くらいだろう。

①夫に先立たれた未亡人である。

②死んだ夫は、物部茂興である。
③父親も亡くしている。
④死んだ父親は、山城国紀伊郡に家や土地を所有していた。
⑤母親は高齢ながらも健在である。
⑥出家して僧侶になった弟がいる。
⑦死んだ父親の残した山城国紀伊郡の家や土地は、母親と弟とが管理していた。
⑧母親や弟とは別の家で暮らしている。

この八つに、推測によって付け加えられることがあるとすれば、貴子の夫であった物部茂興は、山城国紀伊郡の有力豪族にして有力な刀禰でもあった丹後掾秦兼信と、何らかの関係があったということくらいだろうか。兼信の言うところ、茂興は、兼信に対する負債を残したまま死んだのであったが、この兼信の言い分が全くの虚偽であったとしても、このような話が出ることからして、茂興と兼信とが無関係であったということはあるまい。

そして、ここからは、推測するというよりも、想像を逞しくするといった感じになるが、物部茂興もまた、山城国紀伊郡の田堵の一人だったのではないだろうか。彼が兼信と関わりを持ったのは、二人が近隣の田堵どうしだったからであるように思われるのである。

「内蔵貴子解」が殊更に肩書を記していないことから見て、物部茂興には、朝廷の官職を持っていたという経歴はなさそうである。とすれば、仮に田堵であったとしても、彼の場合は、当時においては「小名田堵《しょうみょうたと》」と呼ばれた、そう大きくない農地の経営を請け負うだけの、全く平凡な田堵であっただろう。

とはいえ、田堵として国府の公有農地なり荘園の農地なりの経営を請け負う身であった茂興は、経営の拠点となるような家を持っていたのではないだろうか。その家は、堀《ほり》を備えてはいないまでも、垣《かき》に囲まれていて、小ぶりな門田《かどた》・門畠《かどばた》や小ぶりな垣内《かいと》の農地を有していたかもしれない。

そして、物部茂興の死後、彼の財産や仕事を受け継いだのが、その妻の内蔵貴子であったとすれば、彼女は、田堵を生業とする女性だったことになる。残念ながら、今のところ、王朝時代に女性の田堵がいたことを明示する史料は見付かっていない。が、女性が普通に父親や夫の遺産を相続した当時であれば、あり得ないことではないように思われる。

また、もしも、その妻に家と土地とを遺したという貴子の父親も、生前には田堵であったとすれば、彼が死んだ後には、貴子の母親も、女性の身ながら田堵として世を渡っていたのではないだろうか。

第四章　財産を差し押さえられる摂津守の郎等

自宅を検封される播磨掾高向国明

長徳《ちょうとく》二年（九九六）の十一月、「播磨掾《はりまのじょう》」の肩書を持つ下級貴族でありながら摂津守《せっつのかみ》の郎等《ろうどう》を務める高向国明《たかむこのくにあき》の私宅が捜索されて、彼の財産が差し押さえられるということがあった。そして、その折に作られた報告書によれば、高向国明は、なかなかの資産家であったらしい。

まず、国明の家は、居住用の家屋の他、「土屋《つちや》」と呼ばれる土間《どま》の建物と「倉代《くらしろ》」と呼ばれる床《ゆか》のある倉庫代わりの建物とを備え、少なくとも三棟《むね》の建物から成っていた。そして、彼は、居住用の家屋の裏手にあった「土屋」に、凡そ百十石《こく》の米と百六十籠《こ》の炭と八枚の長莚《ながむしろ》とを貯え、所在地不明の「倉代」に、六枚の長莚と二十枚の紙とを貯えていたのであった。

次に原文のまま紹介するのは、「三条家本北山抄裏文書《さんじょうけぼんほくざんしょううらもんじょ》」の一通で、「高向国明宅検封注文《たかむこのくにあきたくけんぷうちゅうもん》」として知られる公文書であって、国明宅が捜索を受けた折に作られた報告書である。

検封摂津守郎等播磨掾高向国明宅使注進納物色目事
合
米《よね》百十石許《こくばかり》 依不下計俵数不注定数
炭《すみ》百六十籠《こ》
長莚《ながむしろ》八枚《まい》
　已上、納後土屋《つちや》
長莚六枚
用帋《ようし》廿帖《じょう》
　已上、納倉代《くらしろ》
右、依今日宣旨検封注進如件
　長徳《ちょうとく》二年十一月廿五日
　　　　　検非違使右衛門府生美努伊《けびいしうえもんふしょうみぬのこれ》□××
　　　　　右官掌安倍直《うかじょうあべのただ》□××

右《う》史生《ししょう》坂上繁《さかのうえのしげ》□《××》
左《さ》史生《ししょう》国利《くにのとし》□《××》

右の報告書の最初の一行を訓読するならば、「摂津守《せっつのかみ》の郎等《ろうどう》の播磨掾高向国明《はりまのじょうたかむこのくにあき》の宅《いえ》を検《けん》封《ぷう》する使《つかい》の納《おさ》むる物《もの》の色目《しきもく》を注進《ちゅうしん》する事《こと》」となる。また、この中の幾つかの言葉に説明を加えておくなら、「検封《けんぷう》」というのは、捜索して差し押さえること、「色目《しきもく》」というのは品目のこと、そして、「注進《ちゅうしん》」というのは、報告のことである。なお、高向国明の私宅を捜索して彼の財産を差し押さえたのは、太政官の下級書記官たちと下級の検非違使とであった。

さて、国明の所有していた財産であるが、それは、例えば米だけを取り上げても、かなり大きなものである。

王朝時代において、特別な技術を持たない庶民の成人男性が、単純な肉体労働に従事したとして、その日当は、米一升《しょう》であった。したがって、米一石《こく》は、庶民男性の百日分の日当に相当する。そして、これが米百十石ともなると、一年が三百六十日であった当時において、それは、庶民男性の三十年半分にあたることになる。また、現代において、資格も技術もない成人男性が、単純な肉体労働をしたとして、その日当は、一万円ほどであろう。そして、この一万円の三百六十倍の三十倍半というと、ほぼ一億一千万円にもなる。

受領の郎等の役割

では、なぜ、高向国明は、かくも豊かだったのだろうか。

国明が摂津守の郎等であったことは、既に見たところであるが、王朝時代において、摂津守をはじめとする地方諸国の長官（守《かみ》）は、「受領《ずりよう》」あるいは「受領国司《ずりようこくし》」と呼ばれていた。律令《りつりよう》に定められた国司には、守《かみ》の他に、介《すけ》・掾《じよう》・目《さかん》があり、本来ならば、守・介・掾・目は、それぞれの国において、責任と権限とを分かち合うものであった。が、王朝時代には、責任にしても、権限にしても、守が一人で抱え込むようになる。そのため、介・掾・目は、名前だけの官職に成り下がるのだが、それを象徴するかのように、国司が交代する折の前任者から後任者への引き継ぎも、守だけが行ったのであった。そして、当時、前任者が後任者に関係書類を引き渡すことを「分付《ぶんづけ》」と言い、後任者が前任者から関係書類を受け取ることを「受領《ずりよう》」と言ったことから、守は、「受領」と呼ばれることになったのである。

このような存在としての受領（受領国司）＝守は、任国を統治するにあたって、形骸化していて赴任することさえ稀であった介・掾・目ではなく、受領の私的な従者である郎等たちを手足とした。それゆえ、王朝時代の受領（受領国司）にとって、郎等は、不可欠の存在となる。例えば、藤原知章《ふじわらのともあき》という中級貴族は、正暦《しょうりゃく》元年（九九〇）の春に筑前守《ちくぜんのかみ》に任命されながら、これを同年の秋に辞任するが、知章がせっかく獲得した受領の官職を諦めなければならなかったのは、藤原実資《さねすけ》の『小右記《しょうゆうき》』によれば、任地の筑前国《ちくぜんのくに》に赴任してほどなく、多くの郎等たちを病のために失ってしまったためであった。

そんな受領の郎等が受領の配下として担った役割は、いろいろである。『国務条々《こくむじょうじょう》』という書物は、作者はわからないながらも、王朝時代の終わりもしくはそれからほどない頃に成立したことが判明しているが、同書には、四十二ヶ条に渡って、受領を務める者の心得が示されている。そして、同書の第三十八条・第四十条・第四十一条は、郎等に関するものであって、その大意を現代語に訳して引用するならば、次の如くとなる。

一、経理事務に優れた者を目代《もくだい》にする必要があること。

地方諸国の経理事務担当の目代には、本当に優秀な者は少ない。だから、身分を問わず、とにかく優秀なものを目代に登用するがいい。
一、文書の作成の得意な者を二人か三人か連れて行く必要があること。文書の作成を得意とするものは、受領には必須である。彼らが必要になる場面は実に多いので、けっして採用するのを忘れてはならない。
一、実力のある武者《むしゃ》を二人ほど連れて行く必要があること。理想的な国司は武者など連れていない方がいいものであるが、地方諸国では、人々の心も荒んでいて、何があるかわからない。だから、必ず武者を採用せよ。

ここに挙がった「経理事務に優れた者」「文書の作成の得意な者」「実力のある武者」は、そのいずれもが、受領（受領国司）のもとでは、郎等として扱われることになる。受領は、任国に下向するにあたって、さまざまな種類の郎等を召し抱えたのである。

そして、受領とともに地方に下った郎等たちは、それぞれの立場で受領のおこぼれにあずかって、それぞれに荒稼ぎをして都に帰るものであった。

理想的な受領の郎等

次に現代語に訳して引用するのは、第二章でも取り上げた『新猿楽記《しんさるがくき》』の一部で、架空の下級貴族である右衛門尉《うえもんのじょう》某《なにがし》の架空の四男を紹介する一節である。そして、ここで『新猿楽記』の四男を取り上げるのは、この四男が受領の郎等の理想像であるからに他ならない。

四男は、「受領《ずりょう》の郎等《ろうどう》」である。そのため、彼は、日本中で行ったことがないところはなく、地方諸国で見たことがないところはない。彼は、船に乗って海の旅をしても、海が荒れる時期を予測でき、馬に乗って陸の旅をしても、野山の中で知らない道がない。また、彼は、弓矢が苦手ということはなく、文書を書くのが苦手ということもない。

彼は、主である受領が新たな任地に到着すると、新任受領が初めて国府《こくふ》に入るうえでの作法も、新任受領が初めて国内の神社に参拝するときの儀式も、受領が任国を上手く統治するための計画も、任期を終えた受領が後任の受領に任務を引き継ぐ際の細々とした仕事も、よくよく承知している。これらのことについては、彼に匹敵するほどに優秀な者はいるにしても、彼より優れた者など一人としていないほどである。

こうしたことから、四男は、国府において、受領の代理であろうと、徴税の記録係であろうと、書記係であろうと、警備担当者（「健児所《こんでいどころ》」）であろうと、治安担当者であろうと、農地の記録係であろうと、会計係であろうと、物品調達担当者であろうと、修繕担当者であろうと、きちんと熟《こな》すことができ、また、厩《うまや》担当の責任者であろうと、雑用担当の責任者であろうと、炊事担当の責任者であろうと、全体の統括の責任者であろうと、みごとに務めることができる。ましてや、農地の調査の担当者や徴税の担当者や売買の担当者や国府直営の農地の担当者や特別税の徴収の担当者などの重要な担当者ともなると、本人が望んでいなくとも、彼が任されることになる。

しかも、彼の場合、税を納める人々を苦しめることなしに、きちんと徴税を完遂するうえに、主である受領に損をさせることもなしに、自身の利得を作ることができる。そのため、彼は、全ての国々の人々から大切にされて、その私宅には常に来客があり、地方諸国の特産品を持っていて、豊かな資産を築いている。

それゆえ、朝廷で除目《じもく》（人事をめぐる政務）があって受領が新たに任命された翌朝には、日頃の付き合いのあるなしに関係なく、多くの新任受領たちが、自身の郎等として召し抱えようと、この四男に真っ先に連絡するのである。

王朝時代の朝廷が受領たちに最も大きく期待したのは、定められた額の税を確実に徴収して都に富をもたらすことであった。そのため、右に見えるように、受領の郎等たちが担った役割の多くが、課税・徴税に関わるものだったのである。

ただ、受領たちは、定められた以上の額の税を徴収して私腹を肥やすことを常としていた。受領が裕福と見られたのは、それゆえだったのである。そして、そんな受領の手足として違法・不法な課税・徴税を実行したのも、郎等たちであった。受領が豊かになれるか否かは、違法行為・不法行為にかけて有能な郎等たちを集められるか否かにかかっていたのである。残念ながら、右衛門尉某の四男のようなかたちで有能な郎等など、夢物語でしかない。

そして、現実の郎等たちは、受領を富ませるついでに、自身も私腹を肥やしたのであった。

ところで、本書では、「播磨掾」の肩書を持つ高向国明を下級貴族として扱うが、本書で扱う下級貴族というのは、基本的に、正六位上《しょうろくいじょう》の位階を持つ人々のことである。

高等学校の日本史の教科書などでも説明されるように、律令の規定するところ、朝廷の位階には、【表】に整理した通り、正一位《しょういちい》から少初位下《しょうそいげ》までの三十階梯があった。そして、この三十階梯のうち、従五位下《じゅごいげ》から上の位階を持つ者が、法的に貴族として扱われた。

しかし、王朝時代前半の十世紀の半ばを過ぎた頃から、正六位上を除き、下級位階のほとんどが、実質的に消滅する。すなわち、その時期から、朝廷は、正六位下《しょうろくいげ》から下の位階を、滅多に人々に与えなくなり、正六位上を除く下級位階は、ほぼ見られなくなったのである。

表　朝廷の位階

正一位
従一位
正二位
従二位
正三位
従三位
正四位上
正四位下
従四位上
従四位下
正五位上
正五位下
従五位上
従五位下
正六位上
正六位下
従六位上
従六位下
正七位上
正七位下
従七位上
従七位下
正八位上
正八位下
従八位上
従八位下
大初位上
大初位下
少初位上
少初位下

それゆえ、王朝時代以降、人々は、大略、正六位上を最下限とする位階を持つ人々と、全く位階を持たない人々とに、大きく二分される。そして、その結果、正六位上の位階を持つ人々は、実質的には、下級貴族としての地位を獲得したのであった。とすれば、われわれは、王朝時代の貴族社会を考えるときには、正六位上の位階を持つ人々をも、下級貴族としてではあれ、貴族社会の一員と見做さざるを得まい。

さらに、この理解を前提とすると、王朝時代からの貴族たちについては、概《おおむ》ね、従三位《じゅさんみ》以上の位階を持つ者を上級貴族として、従五位下以上の位階を持つ者を中級貴族として、そして、正六位上の位階を持つ者を下級貴族として、それぞれ位置付けるのが適切であろう。

また、位階のあり方に右のような変化が起きた結果、所謂「官位相当制《かんいそうとうせい》」は、その下位の官職に関する部分が、王朝時代の途中でほぼ完全に崩壊してしまう。すなわち、王朝時代以降、諸官司の判官《はんがん》（丞《じょう》・允《じょう》・尉《じょう》・掾《じょう》）以下のさまざまな官職のほとんど全てが、正六位上の位階を持つ者によって担われるべき官職として扱われるようになったのである。

そのため、「播磨掾」の肩書を持つ高向国明については、正六位上の位階を持っていたと見て、ほとんど間違いない。いや、国明だけではない。これまでに登場した国掾もしくは前国掾の面々——前淡路掾《さきのあわじのじょう》の美努兼倫《みぬのかねとも》・前伊豆掾《さきのいずのじょう》の美努公胤《みぬのきみたね》・上野掾《こうずけのじょう》の源　訪《みなもとのたずぬ》・大和《やまとの》掾《じょう》の多治秋友《たじひのときとも》・丹後掾《たんごのじょう》の秦兼信《はたのかねのぶ》・出羽掾《でわのじょう》の桜島　某《さくらじまのなにがし》——は、その全員が、正六位上の位階を持っていたはずである。また、ここまでに見た諸官司の主典《さかん》（録・属・志・目）より下位の史生《ししょう》・府生《ふしょう》・官掌《かじょう》といった官職に就く人々——太皇太后宮史生《たいこうたいごうぐうししょう》の美努真遠《さねとお》・右弁官《うべんかん》史生《ししょう》（「右史生《うししょう》」）の坂上繁某《さかのうえのしげ××》・右弁官官掌《うべんかんかじょう》（「右官掌」）の安倍直某《あべのただ××》・右衛門府生《うえもんふしょう》の美努伊《これ》□《××》——も、正六位上の位階を持っていた可能性が高い。

そして、諸官司の判官（丞・允・尉・掾）以下の官職の現職もしくは前職であるという事実にもとづいて、高向国明も、美努兼倫も、美努公胤も、源訪も、多治秋友も、秦兼信も、桜島某も、美努真遠も、坂上繁某も、安倍直某も、美努伊□も、皆、下級貴族であったことになる。

また、右の下級貴族たちのうち、国司の掾の官職を持ったことのある人々は、誰一人として、現職の頃に、任国に赴任して官職に与えられた職務を果たしていた様子がない。彼らは、いずれも、遙任《ようにん》の国掾だったのである。おそらく、彼らは、官職に由来する給料をあてにしてはいなかっただろう。

地方豪族にとっての官職

では、王朝時代の下級貴族たちは、どうして、掾の官職に就いたりしたのだろうか。

この時代、美努兼倫のような地方豪族にとって、国司の掾のような下級の官職を得るのは、そう難しいことではなかった。というのも、当時の朝廷が「給《きゅう》」と呼ばれる制度や「成功《じょうごう》」と呼ばれる制度を盛んに使っていたからである。

王朝貴族たちが「給」と呼んだのは、ある種の官職売買の制度であった。すなわち、財政破綻をきたしていた朝廷は、皇族たちや上級貴族たちへの俸禄の一部を、下級の官職の斡旋権を付与するというかたちで給付していたのであり、皇族たちや上級貴族たちは、与えられた斡旋権を任意の相手に自由に行使することができたのであったが、「給」というのは、このような制度の呼称である。そして、王朝時代当時、経済的に余裕のある地方豪族たちは、しばしば、この給を利用して、中央諸官司や地方諸国の判官から下の官職に就いていた。

また、王朝貴族たちの間で「成功」の名称で知られていたのは、直接に朝廷に対して経済的な貢献をした者に官職を与えるという制度であったが、これなども、田堵を生業として富裕であった地方豪族たちに、財との交換で官職を得る道筋を与えていたかもしれない。

当時は、さしたる人脈を持たない地方豪族であっても、十分な経済力を持ってさえいれば、朝廷の肩代わりをして朝廷の施設や朝廷が保護しなければならない寺社の施設を建立したり再建したりすることで、官職を獲得し得たのである。

第一章に前淡路掾美努兼倫の殺害を謀る地方豪族として登場した美努公忠《きみただ》も、実は「前《さきの》遠江介《とおとうみのすけ》」の肩書を持つ下級貴族であったが、彼の遠江介任官も、成功を利用したものだったかもしれない。大名田堵として大きな収益を上げる地方豪族であれば、朝廷への経済的貢献を果たして国介を買うことも、十分に可能であったろう。また、田堵の理想像として紹介した『新猿楽記』の田中豊益《たなかのとよます》も、「出羽権介《でわごんのすけ》」の肩書を持っていたが、この豊益の出羽権介就任についても、同様に考えていいのかもしれない。

また、これも第一章の登場人物で前淡路掾美努兼倫殺害計画の黒幕であった美努真遠について は、確かに成功を利用したことが知られる。第一章の事件があった時点での真遠は、太皇太后宮史生の官職を帯びていた。が、『除目大成抄《じもくたいせいしょう》』によると、彼は、寛弘《かんこう》元年（一〇〇四）、朝廷に代わって石清水八幡宮《いわしみずはちまんぐう》に関わる土木工事を行った功績によって、大《おお》舎人寮《とねりりょう》の主典《さかん》である大舎人少属《おおとねりしょうぞく》の官職を得ているのである。

かように、王朝時代には、さして重要でもない官職を得ることは、財力のある者にとって、かなり容易なことであった。おそらく、当時の有力な地方豪族たちは、その多くが、給なり成功なりを利用して、一度は掾をはじめとする下級官職を手に入れていたことだろう。

しかし、王朝時代の地方豪族たちが手に入れたのは、多くの場合、遙任の許される掾や介など、ほとんど実体のない官職であった。それらの官職は、下級の官職であるうえに、特別な権限など期待のしようもない閑職の官職なのである。

とすれば、当時の地方豪族たちが財を注ぎ込んでまで官職を手に入れようとしたのは、多くの地方豪族たちにとって、官職を得て下級貴族となることこそが、地方豪族なりの成功した人生の象徴だったからに違いあるまい。

都の人脈

ここで「高向国明宅検封注文」に話を戻すとして、この文書に検非違使として署名した美努伊某の正確な名前がわからないのは、「高向国明宅検封注文」が不要の書類と見做され、その裏面が『北山抄《ほくざんしょう》』の執筆に利用されることになったとき、原稿用紙の大きさを均一にするべく、他の紙とともに、上下を切り揃えられた結果である。

しかし、長保元年《ちょうほ》（九九九）十二月二日の『小右記』からは、美努伊遠《これとお》という検非違使を兼ねる右衛門志《うえもんのさかん》がいたことが知られ、これが検非違使を兼ねる右衛門府生の美努伊某の出世した姿であるとすれば、美努伊某の氏名は、美努伊遠であったろう。右衛門府の史生である右衛門府生は、ときに右衛門府の主典である右衛門志へと出世したから、「高向国明宅検封注文」の美努伊某を『小右記』の美努伊遠と見做すことには、特に無理はあるまい。

そして、この美努伊遠は、その名前からして、第一章に殺人計画の黒幕として登場した美努真遠の兄弟であったかもしれない。例えば、かの藤原道長《みちなが》の兄たちの名前が道隆《みちたか》・道《みち》綱《つな》・道兼《みちかね》であるように、王朝時代には、兄弟で名前の中に一字を共有する、「兄弟通字《きょうだいつうじ》」と呼ばれる命名法が、かなり広く用いられていたのである。とすれば、美努伊遠と美努真遠とが兄弟であるというのも、十分に可能性のあることであろう。そして、その場合、検非違使を兼ねる右衛門志にまで出世する美努伊遠も、河内国若江郡の豪族の出であったことになる。

ただ、美努伊遠は、貴族社会において成り上がるため、都でみごとな人脈を築いていた。伊遠についての最も古い記録は、『小右記』長徳二年（九九六）六月二十五日条であるが、そこには、『小右記』の記主で当時は権中納言《ごんのちゅうなごん》であった藤原実資が自家の知家事《ちけいじ》としして伊遠を採用したことが記されている。知家事というのは、要するに、執事のようなものであるから、権中納言家の執事に取り立てられた伊遠は、貴族社会に強力な人脈を得たことになる。

なお、伊遠が検非違使を兼ねる右衛門府生となったのは、「高向国明宅検封注文」の日付から考えて、長徳二年十一月二十五日以前であったが、実は、この伊遠を自家の知家事に採用した藤原実資は、その当時、権中納言にして、右衛門府の長官である右衛門督《うえもんのかみ》を兼ね、かつ、検非違使庁の長官である検非違使別当《けびいしべっとう》をも兼任していた。つまり、実資は、右衛門府官人としても、検非違使としても、伊遠の上司だったのである。とすると、伊遠が実資家の知家事に選ばれたのは、検非違使としての働きを認められてのことであったかもしれない。

そして、有力貴族の藤原実資に近付き得た伊遠は、その後、検非違使を兼ねる右衛門志に出世するのであったが、伊遠の築いた人脈は、彼自身のためばかりではなく、その兄弟の真遠のためにも意味を持ったかもしれない。というのは、伊遠の兄弟と思しき真遠は、長徳三年までに太皇太后昌子内親王《たいこうたいごうまさこないしんのう》の家政を職務とする太皇太后宮職《たいこうたいごうぐうしき》の史生《ししょう》(太皇太后宮史生）に就任していたわけだが、その頃、太皇太后宮職の長官である太皇太后宮大夫《たいこうたいごうぐうだいぶ》を務めていたのは、権中納言藤原実資だったからである。伊遠が実資に推挙したことによって、真遠が太皇太后宮史生に採用されたというのは、いかにもありそうな話ではないだろうか。

また、この真遠から前淡路掾美努兼倫の殺害を指示された美努公忠の配下の一人であった美努行利も、治安《じあん》三年（一〇二三）十二月十五日の『小右記』には、右衛門府生として登場するのだが、ここにも、伊遠の築いた人脈の恩恵があったのかもしれない。

貴族に成り上がる庶民

この章の最後に、「高向国明宅検封注文」に登場する人物として、もう一人、左弁官《さべんかん》史生《ししょう》（「左史生《さししょう》」）として署名する国利某《くにのとし××》にも触れておきたい。

この国利某も、美努伊遠と同じ理由で、名前の最後の一字が欠けているのだが、また、これも伊遠と同じく、別の史料から正しい名前を知ることができる。すなわち、『除目大成抄』には、左弁官史生の国利述《としのぶ》という人物が左京少属《さきょうしょうぞく》に転任したことが見えるのである。この国利述を「高向国明宅検封注文」の国利某と同一人物と見做すことに、特段の無理はあるまい。

そこで、「高向国明宅検封注文」の国利某を、国利述として扱うこととして、この国利述は、少し特別な事情を持つ。実は、『除目大成抄』によると、国利述の持つ位階は、左弁官史生（左史生）から左京少属へと転じた時点で、正六位上ではなく、従七位上《じゅしちいじょう》だったのである。

先ほど、「王朝時代前半の十世紀の半ばを過ぎた頃から、正六位上を除き、下級位階のほとんどが、実質的に消滅する。すなわち、その時期から、朝廷は、正六位下から下の位階を、滅多に人々に与えなくなり、正六位上を除く下級位階は、ほぼ見られなくなったのである」と説明した。また、この説明を踏まえて、「正六位上の位階を持つ人々は、実質的には、下級貴族としての地位を獲得したのであった」とも説明した。

が、右の説明においても、「正六位上を除き、下級位階のほとんどが、実質的に消滅する」「正六位上を除く下級位階は、ほぼ見られなくなったのである」と、「ほとんど」「ほぼ」という微妙な言い回しをしているように、王朝時代以降にも、正六位上よりも下位の下級位階の一部が、稀に用いられることがあった。そして、その例外的に王朝時代以降にも生き残った下級位階というのが、国利述の有していた従七位上であった。

また、この国利述の与えられていた位階が、正六位上ではなく従七位上であったのは、彼の出身が、地方豪族どころか、庶民だったからに他ならない。王朝時代の朝廷は、その祖父や父親すらも位階を持っていたわけではない、全くの庶民に位階を与えるに際しては、慣例として、最低限の貴族の資格である正六位上ではなく、さらに下位の位階である従七位上を選ぶようにしていたようなのである。

ただ、従七位上の位階を与えられた者も、王朝時代当時、一応は、貴族社会の一員と見做されたものと思われる。だからこそ、国利述は、左史生を経て左京職の主典である左京少属へと出世することができたのであろう。とすると、王朝時代には、この従七位上こそが、真の「最低限の貴族の資格」だったことになろうか。

そして、ここから窺われるように、王朝時代において、貴族という身分と庶民という身分との間には、絶対的な壁はなかったのだろう。おそらくは、給や成功を使って、経済力のある庶民は、最下級の貴族に成り上がることが可能だったのである。

なお、左京少属に昇任して以降の国利述については、『今昔物語集《こんじやくものがたりしゅう》』がおもしろい話を伝えている。『今昔物語集』巻第二十七第四十二の「左京属邦利延《さきようのさかんくにのとしのぶ》の迷《まど》はし神《がみ》に値《あ》ふ語《こと》」によると、国利述（邦利延）は、三条《さんじょう》天皇が石清水八幡宮に行幸《ぎょうこう》したとき、左京少属の務めとして、きちんと行幸の行列に加わったのであったが、その折、「迷《まど》はし神《がみ》」と呼ばれる神の悪戯《いたずら》に遭《あ》って、一人、行列からはぐれてしまい、あちらこちらを彷徨《ほうこう》させられたのであった。

第五章　郎等に裏切られた近江介

前半部のない手紙

前の章では、検非違使《けびいし》と太政官《だじょうかん》の下級書記官とが摂津守《せっつのかみ》の郎等《ろうどう》の播磨掾《はりまのじょう》高向国明《たかむこのくにあき》の私宅を捜索して財産を差し押さえた際の報告書を紹介したものの、そこでは、国明が捜索・差し押さえを受けた理由には全く触れなかった。というのは、あの報告書だけでは、何とも言いようがなかったからである。

しかし、最も可能性の高そうな話をするならば、国明が検非違使や太政官に財産を差し押さえられることになったのは、彼が受領《ずりょう》の郎等だったからであろう。

そして、このあたりのことを、次に現代語訳で引用する近江介《おうみのすけ》の源則忠《みなもとののりただ》から藤原公任《きんとう》への手紙の内容を検討しながら考えてみたい。なお、この書状も、「三条家本北山抄裏文書《さんじょうけぼんほくざんしょううらもんじょ》」の一通であるが、おそらくは「三条家本北山抄裏文書」の一つとなったことと関係してであろう、その前半部が失われてしまっている。

なのです。これにより、季節は秋になりますが、皇后《こうごう》さまへの米《よね》の貢納が遅れているのです。ましてや、私が納入を指示した分などは、少しも納入されていません。ところが、公任《きんとう》さまの使者が申しますには、「まずは、納入の指示書を持って近江国《おうみのくに》の倉庫に出向き、米の有無を確認したい」とのことでしたので、その使者が申すままに、国の倉庫への指示書を渡したのです。こうして、公任さまの使者は、私の出した指示書を持って近江国に下向すると、たまたま国の倉庫にあった分を見付けて、十石《こく》余りを確保しました。しかし、その残りにつきましては、実際に米がありませんでしたので、倉庫の担当者から納入を約束する念書を取って、都に戻ったのです。その後も、近江国からは何も送られず、皇后さまへの貢納は遅れていましたので、担当者たちの無能ぶりを書面にして、私のことはお許しいただこうとしました。けれども、公任さまは、国司の私に、「職務を怠るな」と仰せになり、また、私の家には、公任さまのもとから大勢が押しかけ、問答無用で、好き放題に乱暴を働いたのです。そですが、例の男が、近江国の会計の全てを管理していて、その専従だったのです。そして、この者は、朝廷からお召しをいただいて、近江国を去ってしまいました。彼は、今は公務に就いています。

この則忠《のりただ》は、この数年、皇后さまへのお務めを欠かしたことはありません。ご命令には忠実に従い、深くご恩を頼りにしていましたので、この度《たび》、出入り禁止を申し渡されましたことには、恐縮するばかりで、言葉もありません。

また、公任さまの使者の国正《くにまさ》の態度ですが、あれほどに侮辱されたことには、がまんがなりません。あのような下級役人などに叱責されることで、私は、たちまち面目を失い、ひどい恥をかかされました。

つきましては、ご恩を蒙りまして、早々に例の使者を喚《よ》び返《かえ》してくださるよう、伏してお願い致します。今後、直接にお目にかかりましたときに、きちんとご挨拶《あいさつ》したいと存じます。則忠が頭を下げて謹んで申し上げます。

九月二十三日　　近江介《おうみのすけ》源《みなもとの》則忠《のりただ》が書状を差し上げます

謹謹上《きんきんじょう》　右衛門督殿《うえもんのかみどの》の侍主《さぶらいぬし》たち

さまざまな支払いの義務を負う受領たち

従四位上《じゅしいじょう》の位階を持つ中級貴族の源則忠《みなもとののりただ》が、近江国司《おうみのくにづかさ》の次官である近江介《おうみのすけ》に任命されたのは、長徳《ちょうとく》二年（九九六）の春のことであった。王朝時代には、朝廷の人事を決める政務を「除目《じもく》」と呼び、除目において決まった人事を列挙した文書を「大間書《おおまがき》」と呼んだが、長徳二年の大間書の文面が今に伝わっており、そこに則忠の近江介任官のことが見えるのである。

そして、則忠は、介でありながら、受領《ずりょう》（受領国司《ずりょうこくし》）として近江国《おうみのくに》に赴任して、同国の責任と権限とを一手に握ることになった。というのも、近江国は、都から最も近い国の一つであるうえに、豊かな国でもあったために、上級貴族たちが受領ではない遙任《ようにん》の近江守《おうみのかみ》に就任して近江守の給料だけを手にするということが、慣行として定着していたからであった。

ちなみに、則忠が近江介を務めた頃には、藤原公任《きんとう》・平惟仲《たいらのこれなか》・菅原輔正《すがわらのすけまさ》の三人の参議《さんぎ》たちが、順に近江守もしくは近江権守《おうみごんのかみ》の官職を帯びていた。そして、参議は、大臣《だいじん》・大納《だいな》言《ごん》・中納言《ちゅうなごん》とともに、現代の閣僚のような役割を担っていたので、右の三人は、いずれも、近国《きんごく》の近江国とはいえ、受領として任地に赴任しようとはしなかったのである。

ところで、王朝時代の受領というと、任国においてさまざまな違法行為を働き、たっぷりと私腹を肥やしていたようなイメージが強いかもしれない。が、実のところ、当時の受領たちは、けっして、所謂「濡《ぬ》れ手《て》に粟《あわ》」といった感じに、楽に富を追求できたわけではなかった。彼らは、現地の有力豪族たちの納税拒否や納税回避に対処しなければならず、また、朝廷から多様な義務を負わされてもいたのである。受領たちが私腹を肥やしたというのは、あくまでも、彼らなりの努力の結果としてであった。

だから、近江国の受領となった則忠も、この機に豊かになろうというのであれば、いろいろなことを上手く処理しなければならなかったのだが、彼の場合、とんでもなく大きな失敗をしてしまったらしい。

朝廷が受領に課した義務というのは、実にさまざまであった。

まず、朝廷そのものへの定額の貢納がある。また、朝廷が儀式や公共事業の費用に困った際の臨時の貢納もある。これに加えて、王朝時代の朝廷は、朝廷に仕える大臣以下の官人たちへの給料の支払いを、地方諸国に押し付けていた。さらに、当時の朝廷は、皇后《こうごう》や皇太子《こうたいし》に支給する生活費の支払いも、それ以外の皇族たちに支給する生活費の支払いも、地方諸国に、すなわち、諸国の受領に、そのほとんどを押し付けていた。

そのため、受領たちは、常に諸方からの支払いの催促に追われているものであった。近江介として近江国の受領を務めた源則忠の場合、特に皇后《こうごう》藤原遵子《のぶこ》への支払いが遅れており、それゆえの催促に悩まされていたらしい。ただ、彼に支払いの催促をしていたのは、皇后藤原遵子本人ではなく、その弟の参議藤原公任であった。というのも、その頃の公任は、参議にして右衛門督《うえもんのかみ》と検非違使別当《けびいしべっとう》とを兼ねるのみならず、皇后宮職《こうごうぐうしき》の長官である皇《こう》后宮大夫《ごうぐうだいぶ》をも務めていたからである。皇后宮職というのは、皇后の家政の取り仕切りを担当する役所であり、それゆえ、皇后宮大夫には、皇后の親族が就任するものであった。

近江介源則忠が右衛門督藤原公任の使者に激しく責め立てられたことの背景にあったのは、こうした事情に他ならない。

受領たちの致富の道

受領たちの中には、支払わなければならないものを意図的に支払わないで済まそうとする者もいた。

特に、朝廷の官人たちへの給料をめぐっては、多くの受領たちが、有力な上級貴族には、相手に取り入るために、定められた以上のものを支払っておきながら、それ以外の相手には、あれこれと言い訳をし続けて、根負けした相手が泣き寝入りするのを待ったものであった。そのため、上級貴族であっても、ただ地位が高いばかりで、実際の影響力を持たない者などは、中級貴族に過ぎない受領たちに侮られて、ろくろく給料を手にできなかったりもしたのである。

例えば、寛仁《かんにん》二年（一〇一八）十二月三日条の『小右記《しょうゆうき》』は、備前守《びぜんのかみ》の藤原景斉《かげなり》のものとして、こんな発言を伝えている。「米《よね》五百石《こく》を道長《みちなが》さまに献上して、米三百石を摂《せっ》政頼通《しょうよりみち》さまに献上したら、それ以外の義務は果たしようがない」。こんなことを言う景斉は、朝廷を牛耳る道長・頼通への支払いだけ済ませて、それ以外の支払いには、初めから応じる気がなかったのだろう。

また、支払いの回避に関して、越前守《えちぜんのかみ》の藤原為盛《ためもり》は、まさに、所謂「やり手」であった。それについては、『今昔物語集《こんじゃくものがたりしゅう》』巻第二十八第五の「越前守為盛《えちぜんのかみためもり》の六衛府《ろくえふ》の官人《かんじん》に付《ふ》したる語《こと》」として、次のような話が伝わっている。

越前守《えちぜんのかみ》藤原為盛《ためもり》は、越前国《えちぜんのくに》の受領《ずりょう》として、六衛府《ろくえふ》（左右近衛府《さゆうこのえふ》・左右兵衛府《さゆうひょうえふ》・左右衛門府《さゆうえもんふ》）の官人たちや舎人《とねり》（兵員）たちの俸給を負担する義務を負っていたが、その義務を全く果たしていなかった。そして、これに怒った六衛府の官人たち・舎人たちは、大挙して為盛の私邸に押しかけると、その門前で座り込みをはじめた。

が、為盛はというと、固く門を閉ざして、六衛府の官人たち・舎人たちと会おうともしない。しかも、その日は、真夏のひどく暑い日であり、六衛府の官人たち・舎人たちは、炎天下の座り込みに、次第に疲弊していく。

すると、それまで沈黙を守っていた為盛が、にわかに門を開け、六衛府の官人たち・舎人たちに、「飲食を振る舞いたい」と申し出る。炎天下の座り込みですっかり渇ききっていた六衛府の官人たち・舎人たちは、これをたいへんよろこび、いそいそと為盛の邸宅に入って振る舞いの席に着いた。そして、彼らは、喉の渇きを潤すべく、出されるままに大量の酒を呑んだのであった。

ところが、為盛が気前よく振る舞った酒は、幾らか酸っぱくなりはじめた傷みかけの酒であり、かつ、その酒には強力な下剤である朝顔の種を摩り下ろしたものが入れられていた。そして、そんな危険な酒を大量に呑んでしまった六衛府の官人たち・舎人たちは、誰も彼もが、ひどい下痢に見舞われて、ついには、汚いものを垂れ流しながら、逃げるように為盛邸から退散していった。

かように、王朝時代の受領たちは、朝廷から課された義務の多くを、どうにかして回避しようとするものであった。その結果として受け取れるはずのものが受け取れなくなる人々には迷惑な話であるが、ここに受領たちの致富の道があったのである。

郎等による横領

ところが、近江国の受領として皇后藤原遵子への支払いの義務を負っていた源則忠は、狡猾に支払いを回避しようとしていたのではなく、本当に支払うことができない状況に陥っていたらしい。

参議《さんぎ》右衛門督《うえもんのかみ》検非違使《けびいし》別当《べっとう》にして皇后宮大夫《こうごうぐうだいぶ》をも兼ねていた藤原公任は、則忠から皇后遵子への支払いが遅れていることに業を煮やして、そのときは都の自宅にいた則忠のもとに使者を派遣したのであったが、その使者は、わざわざ近江国に足を運ぶことまでして、それでも、ほんの一部の回収を果たしただけであった。則忠の都の自宅にも、近江国にも、皇后遵子への支払いにあてられるだけの米がなかったのである。

そして、その結果、則忠は、公任の使者から、かなりひどく叱責されたのであった。則忠は、上級貴族であり参議の任にある公任から見れば、確かに下《した》っ端《ぱ》の一人でしかない。が、貴族社会の全体の中で位置付けた場合、従四位上の位階を持つ則忠は、「中の上」と言うべき貴族である。彼は、中級貴族の中では、実に堂々たる存在なのである。しかし、その則忠を叱責したのは、現に公任の使い走りを務めている程度であるから、おそらくは、下級貴族の類であったろう。それゆえ、公任の使者に叱責されたことは、則忠にとって、たいへん大きな恥辱であった。

しかも、結局のところ定められた支払いを済ませていない則忠は、皇后遵子から出入り禁止を言い渡されることとなった。もちろん、この出入り禁止の措置を決めたのは、遵子本人ではなく、皇后宮大夫の公任であったろう。しかし、そのことに関わりなく、現に皇后のもとへの出入りを禁止されたことは、則忠という中級貴族にとって、貴族社会での信用に関わることだったのである。

さて、これほどに窮したところから見ても、則忠がその気になれば支払えるものを支払わないで済まそうとしているわけではないことは、明らかであろう。彼は、彼自身に支払いの意思があっても支払うことができないような状況に置かれていたのである。

そして、このとき、則忠がどのような状況にあったかというと、彼は、信頼して近江国の会計を任せていた郎等《ろうどう》に裏切られて、近江国において税として集めた財の多くを持ち逃げされたため、途方に暮れていたのであった。例の手紙に「例の男が、近江国の会計の全てを管理していて、その専従だったのです。そして、この者は、朝廷からお召しをいただいて、近江国を去ってしまいました。彼は、今は公務に就いています」と見えるのは、そういうことであろう。

また、則忠を裏切った郎等は、右に見える通り、今や、朝廷の官職を得て、則忠の窮状を横目に、しゃあしゃあと都で暮らしていた。しかも、彼は、都において何か強力な後ろ盾を得ていたのだろう、則忠も、彼に手を出すことができずにいたのであった。あるいは、この郎等は、近江国から横領した財を使うことによって、有力な上級貴族にでも取り入り、それによって、官職を手に入れるとともに、後ろ盾をも手に入れたのかもしれない。

いずれにせよ、会計を担当する郎等に裏切られて横領を働かれたのでは、裕福なイメージが強い受領といえど、困窮するばかりであった。

受領のとばっちりを受ける郎等

しかし、支払いを受けることになっていた側としては、支払う側の受領にどのような事情があるにせよ、支払いを受けられなければ、こちらも困窮することになってしまう。それゆえ、支払いを受ける側は、それだけの実行力を持っている場合には、何としても受領に支払いを完遂させようとする。

先の手紙には、「公任さまは、国司の私に、『職務を怠るな』と仰せになり、また、私の家には、公任さまのもとから大勢が押しかけ、問答無用で、好き放題に乱暴を働いたのです」との一節が見えるが、ここからは、皇后宮大夫の藤原公任が実力行使によって近江介源則忠に皇后藤原遵子への支払いを完遂させようとしたことが知られる。すなわち、則忠の私宅に押しかけて乱暴を働いた連中というのは、公任の従者たちであり、この従者たちが則忠の私宅で乱暴を働いたのは、則忠が隠しているかもしれない米を探し出すためだったのである。

とはいえ、ここで公任が講じたのは、かなり思い切った措置であった。というのは、王朝時代において、従五位下《じゅごいげ》以上の位階を持つ貴族の居宅には、「治外法権」とでも呼ぶべきものが認められていたからである。当時、上級貴族の邸宅および中級貴族の邸宅については、その主の同意がない限り、犯罪者を追う検非違使が踏み込むことさえ、許されていなかったのである。それにもかかわらず、公任は、従四位上の位階を持つ中級貴族の源則忠の家に従者を乱入させたのであるから、このとき、皇后遵子の側も、かなり困窮していたのかもしれない。

いずれにせよ、公任が彼の従者たちに命じた則忠の私宅の家宅捜索は、皇后遵子には残念なことに、空振りに終わる。則忠の家には、皇后遵子への支払いにあてられるようなものは、本当に何もなかったのである。

しかも、これに先立ち、公任の使者が近江国に足を運んでおり、近江国にも何もないことがはっきりしている。このとき、郎等の裏切りに遭った則忠は、自身の生活さえ心配されるような身だったのだろう。

仮に、近江介の則忠が、郎等に裏切られるような間抜けな受領ではなく、非常に狡猾な受領であったとして、そして、会計担当の郎等の横領に遭ったわけでもなく、皇后遵子への支払いにあてるべき多量の米をみごとに隠匿していたのだとして、それでも、家宅捜索で何も見付けられなかったのだとすれば、皇后遵子や皇后宮大夫公任には、同じことであった。いずれにせよ、彼らは、則忠本人からは何も得られないのである。

そして、支払いを受けるはずであった人々は、支払いの義務を負う受領が間抜けであっても狡猾であっても、受領本人からの支払いを諦めざるを得ない場合、その受領の郎等に眼を着けた。すなわち、受領が支払わないものを、受領の郎等に支払わせようとしたわけである。これは、横領などをしたわけでもない郎等にしてみれば、全く迷惑な話であるが、支払いを求める側にしてみれば、まさに最後の手段であった。
こうして、本章は、ようやく、前章と合流することになる。前章では、播磨掾の高向国明が財産の差し押さえを受けたことを見たが、彼は、摂津守の郎等であったがゆえに、何らかの支払いの義務を怠った摂津守のとばっちりで、差し押さえを受けたのである。

「侍主達」

ところで、近江介源則忠が藤原公任に宛てた手紙の現代語訳の最後の宛名人のところをよく見てもらうと、公任を意味する「右衛門督殿《うえもんのかみどの》」の下に、小さな字で「の侍主《さぶらいぬし》たち」とある。この宛名人の部分は、漢文の原文において、「右衛門督殿侍主達」となっているのだが、小さな字の「侍主達」は、則忠の手紙が公任本人ではなく公任の従者たちに宛てられたものであるかのように装うために付けられたのであった。当時としては、中級貴族に過ぎない則忠から上級貴族の公任に直接に手紙を送ることは、失礼にあたったのである。
そして、この「侍主達」のうち、「達」は複数であることを示し、「主」は敬称であるから、「侍」という字のみが、公任の従者を意味することになる。が、王朝時代の「侍《さぶらい》」という語は、江戸時代の「侍《さむらい》」のように「武士」と同義ではない。王朝時代に「侍」と呼ばれたのは、ある種の従者であって、公任のような上級貴族であれば、必ず、これを幾人も抱えているものであり、則忠のような中級貴族でも、普通、これを幾人かは抱えているものであった。

では、この侍たちは、どのような従者だったのだろうか。

『富家語《ふけご》』というのは、藤原道長の玄孫（孫の孫）で摂政《せっしょう》・関白《かんぱく》を務めて太政大臣《だじょうだいじん》に昇った藤原忠実《ただざね》の語るところを、忠実家の執事のような立場にあった高階仲行《たかしなのなかゆき》が筆録した、貴族社会についての談話集であり、一種の説話集であるが、同書の終わり近くには、次の如くに、忠実の侍というものについての見解が見える。

仰せて云ふやう、「侍《さぶらい》は、湯殿《ゆどの》・樋殿《ひどの》・御清目《おんきよめ》、以上の三つの事には必ず之《これ》に勤仕《ごんし》す。御所《ごしょ》と雖《いえど》も、憚《はばか》り無《な》き者也《ものなり》。御堂《みどう》の侍《さぶらい》も之《これ》に召《め》し仕《つか》ふ歟《か》」と。

右には、『富家語』の漢文の原文を読み下して引用したが、これを、さらに現代語に訳すならば、次の如くとなろう。

忠実殿がおっしゃるには、「侍《さぶらい》は、主人の入浴・主人の排泄・主人の私室の掃除、この三つのことには、必ず奉仕しなければならない。この三つの務めは、たとえ主人が内裏にいるときでも、遠慮する必要はないものである。道長殿の侍たちも、この三つのことを務めとしていたのではないだろうか」とのことであった。

晩年は出家者として法成寺《ほうじようじ》という大寺院で過ごした藤原道長は、後世において「御堂《みどう》」「御堂殿《みどうどの》」などと呼ばれたが、その道長に仕えた侍たちも含めて、侍たちの最も重要な仕事は、忠実によれば、「主人の入浴・主人の排泄・主人の私室の掃除（「湯殿・樋殿・御清目」）」だったのである。

このうち、「主人の入浴（「湯殿」）」というのは、入浴する主人の背中を流すというようなことであろうか。また、「主人の排泄（「樋殿」）」というのは、主人が排泄するときに排泄に必要な道具を差し出し、排泄が終われば道具の後始末をするということであろう。王朝時代の裕福な貴族男性たちは、小便をするときには、そのための筒状の器を用い、大便をするときには、そのための箱を用いたものであったが、右に「排泄に必要な道具」と言ったのは、この筒や箱のことである。そして、侍が仕事とした「主人の私室の掃除（「御清目」)」というのは、文字通り、主人の私宅の主人の私室の掃除であり、また、内裏における主人の控室の掃除であった。

女房の男性版としての侍

王朝時代の侍については、『今昔物語集』もまた、実に多くの情報を与えてくれる。

同書の巻第二十八第五語によれば、先ほども「やり手」の受領として紹介した越前守藤原為盛も、豊かな中級貴族として、幾人かの侍を召し抱えていた。そして、その侍たちは、来訪者の応対をしたり客人に酒を出したりといった働きをしていたという。

巻第二十八第三十一語では、大和守《やまとのかみ》の藤原輔公《すけきみ》に仕える五人あるいは六人の侍たちが登場する。そして、彼らは、猫嫌いの客人を猫を使って脅そうとする主人の指示に従って、客人のもとに五匹の猫を運ぶのであった。

また、上級貴族家の侍の例を探すと、巻第十九第九語では、左大臣藤原師尹《もろまさ》に仕える侍が、師尹の私室の掃除を日常の仕事としていた。この侍は、掃除の途中、師尹が大切にしていた硯《すずり》を割るという失敗に及ぶのであったが、主人の宝物が置かれている主人の私室の掃除を任されるのが、侍だったのである。

さて、このように見てくると、侍たちの仕事は、『枕草子《まくらのそうし》』などに見える女房《にようぼう》たちの仕事と、あまり変わるところがないようにも思われるかもしれない。そして、実のところ、侍を女房の男性版と見る理解は、そう間違っていない。例えば藤原実資《さねすけ》の『小右記《しようゆうき》』の寛《かん》和《な》元年（九八五）五月四日条などに見えるように、王朝時代には、「侍」の別名として「男房《なんぼう》」という言葉が使われていたりもするのである。この「男房」という言葉が存在することこそが、侍が女房の男性版であったことの、何よりの証拠であろう。

ただ、侍は、あくまでも男性であったため、やはり、男性ならではの役割も果たしていた。

例えば、『今昔物語集』巻第二十九第二十八語では、名門貴族家の御曹司である近衛中《このえちゆう》将《じよう》は、女性との逢瀬《おうせ》のための夜間の外出にあたって、二人の侍を供にしている。当然、この二人の侍たちには、護衛の役割が期待されていたことだろう。

また、巻第二十七第十八語に登場する侍たちは、どこの家の従者かはわからないが、夜間の宿直《とのい》を務めている。その侍たちのうちの少なくとも二人は、太刀《たち》を携えているから、侍たちが宿直するのは、やはり、警備のためであったに違いない。

さらに、巻第二十八第十一語では、ある受領に仕える侍は、主人の受領が寺院に読経を依頼する際の使者を務めている。

なお、『今昔物語集』巻第二十六第十七語は、芥川龍之介の『芋粥《いもがゆ》』の下敷となった話であるが、この話の冒頭、関白藤原基経《もとつねけ》家の正月の饗宴の終了後、同家の侍たちは、客が食べ残した宴会料理に舌鼓を打っており、侍たちの食事のあり方が窺われる。同様に、巻第二十八第三十四語では、やがて筑前守《ちくぜんのかみ》となる藤原章家《あきいえ》のまだ若く官職も持っていなかった頃のこととして、章家に仕える数人の侍たちは、章家が食べ残したものを分け合って食べている。そして、主人の食事の残りを分け合って食べるというのも、侍と女房との共通点である。

かように、「侍」とは、まず何より「侍《さぶら》ふ」ことを仕事とする従者であって、常に主人の身辺から離れることのない存在であった。そして、それゆえに、中級貴族が上級貴族に宛てて手紙を差し出すときには、失礼のないよう、上級貴族の身辺の侍たちに宛てるかのような体裁を採ったのであろう。

侍と武士との関係

王朝時代において、庶民が貴族家に仕える場合、男女を問わず、「雑色《ぞうしき》」と呼ばれる使用人として扱われることが普通であった。一方、同じ貴族家に仕えるにしても、侍あるいは女房として仕える人々は、けっして庶民ではなかった。藤原道隆や藤原道長が自家の姫君に女房として仕えさせた清少納言《せいしょうなごん》や紫式部《むらさきしきぶ》が中級貴族家の娘であったのと同じように、上級貴族家に侍として仕えるのは、どうかすると中級貴族家の息子であって、そうでなくても、少なくとも下級貴族家の息子か豪族家の息子かではあったのである。また、中級貴族家に仕える侍にしても、下級貴族家もしくは豪族家の出ではあった。

また、中級貴族である受領に郎等として仕えたのも、多くの場合、下級貴族か豪族かほどの人々であった。郎等になる人々と侍になる人々とは、重なっていたのである。あるいは、受領のもとでは、侍は郎等であり、郎等は侍であって、両者の間に特段の区別は見られなかったのかもしれない。

ただ、藤原道長の日記である『御堂関白記《みどうかんぱくき》』や藤原実資の日記である『小右記』を見る限りでは、上級貴族たちは、自家に仕える下級貴族を呼ぶに「郎等」という語は使わない。が、その彼らも、受領に仕える下級貴族を呼ぶには、「侍」という言葉を使わずに、「郎等」という言葉を使う。このあたりの使い分けには、何かややこしい基準があったのだろうか。

いずれにせよ、侍といい、郎等といい、その大半の出自は下級貴族もしくは豪族であった。

そして、このことと、源則忠が手紙の宛名人を「右衛門督殿侍主達」としたこととは、密接に関係する。

ここに見える「主《ぬし》」という敬称は、王朝時代の貴族社会において、一般的に用いられていた。例えば、藤原実資の日記である『小右記』を紐解《ひもと》いても、正暦《しょうりゃく》四年（九九三）二月十四日条では、書家として有名な藤原行成《ゆきなり》が「行成主《ゆきなりぬし》」と呼ばれており、また、その翌日の条では、清少納言が『枕草子』の中で最高の貴公子として絶賛する藤原斉信《なりのぶ》が「斉信《なりのぶ》主《ぬし》」と呼ばれている。王朝貴族たちにとっての「主」には、われわれ現代人にとっての「くん」あるいは「さん」くらいの意味合いがあったのではないだろうか。

とすれば、源則忠が藤原公任家の侍たちに「主」という敬称を付けたのは、則忠が公任に仕える侍たちを貴族もしくはそれに近い存在と見做していたからであろう。

なお、後世、「侍」という言葉が武士を意味するようになるのは、既に王朝時代において侍たちの一部が武士であったことに端を発する。

例えば、侍が太刀を持って宿直をしたことの例として先に挙げた『今昔物語集』巻第二十七第十八語の二人の侍たちは、原文において「若《わか》き侍《さぶらい》の兵立《つわものだ》ちたる二人《ふたり》」と表現されているように、周囲から武士（「兵《つわもの》」）と見做されることを望んでいた。「兵立《つわものだ》ちたる」という古語を現代語に訳すならば、「武士のように振る舞っている」といったところであろう。また、巻第二十八第三十四語に登場する若かりし日の筑前守藤原章家の侍たちの一人も、原文で「見目《みめ》事々《ことごと》しくして鬚長《ひげなが》く鑭《きらきら》しき気色有《けしきあ》りて兵立《つわものだ》つ様《さま》したる侍《さぶらい》」と表現され、武士（「兵」）として生きようとしていたことが窺われる。「兵立《つわものだ》つ様《さま》したる」という古語は、「武士のように振る舞って武士のような身なりをしている」とでも訳されようか。

第六章　放火・殺人をたくらむ大和国のごろつきたち

亡き太皇太后の遺領をめぐる騒動

「野辺園《のべのその》」と呼ばれたのは、大和国《やまとのくに》所在の太皇太后昌子内親王《たいこうたいごうまさこないしんのう》の荘園である。そして、藤《ふじ》原最実《わらのたかざね》を含む野辺園の荘官《しょうかん》たちが検非違使庁《けびいしちょう》に訴え出たところ、長保《ちょうほ》元年（九九九）の春から同二年の春にかけて、野辺園および同園の周辺では、次の如き一連の出来事が起きていた。

まず、長保元年の閏《うるう》三月、野辺園において、一棟《むね》の建物が焼亡するとともに、その建物に納められていた稲が焼失する。焼けた建物は、倉の役割を果たしていたのだろう。

これに対して、大和国の国府《こくふ》は、火災の調査のための担当者（「国使《こくし》」）を野辺園に派遣する。そして、その担当者が野辺園の所在地の郡司《ぐんじ》や刀禰《とね》とともに調査したところ、浮かび上がったのは、野辺園の荘官の一人の木上正行《きのかみのまさゆき》による放火の可能性であった。

そこで、藤原最実たちは、木上正行を放火の罪で検非違使庁《けびいしちょう》に訴え、この訴えを受けた検非違使庁は、正行を逮捕するよう、大和国の国府へと通達する。が、大和国の国府は、どうしたわけか、正行の逮捕に動こうとしない。しかも、そうして大和国府が沈黙している間に、放火犯と見られる正行は、氏不明の諸光《もろみつ》という者をはじめ、当時の言葉で「不善《ふぜん》の輩《やから》」と表現されるようなごろつきの武士たちを集めて、最実たちを殺害する算段をはじめる。

この殺害計画のことを第三者からの情報提供によって知った最実たちは、正行の企みが動き出す前に、再び検非違使庁に訴え出る。そして、再度の訴えを承けた検非違使庁は、ついに野辺園の荘官たちの騒動に直接に介入することを決めたのであった。

次に現代語訳で紹介するのは、「三条家本北山抄裏文書《さんじょうけぼんほくざんしょううらもんじょ》」の一通であり、まさに、野辺園の騒ぎへの直接介入を検非違使《けびいし》たちに命じる検非違使別当宣《けびいしべっとうせん》である。もちろん、この命令の発令者は、藤原公任《きんとう》である。また、上記の一連の出来事があったことがわかるのは、全て、この検非違使別当宣が現代に伝わったからこそである。

検非違使別当殿《けびいしべっとうどの》のご命令を承《うけたまわ》るに、別当殿は、「藤原最実《たかざね》らの上申する調書や訴状が言うには、『亡《な》き太皇太后《たいこうたいごう》昌子《まさこ》内親王《ないしんのう》さまのご領地の大和国《やまとのくに》の野辺園《のべのその》にある建物一棟《むね》が、そこに納められていた稲と一緒に、去年の閏《うるう》三月十日の夜に焼失しました。そこで、大和国の担当者（「国使《こくし》」）および現地の郡司《ぐんじ》や刀禰《とね》が調書を作ったところ、「木上正行《きのかみのまさゆき》に疑わしい点がある」とのことを調書に記したのです。そこで、太政官《だじょうかん》と検非違使庁《けびいしちょう》とに訴えを出した日に、検非違使庁から大和国の国府《こくふ》に通達をいただきましたものの、国府は、すぐにも正行を逮捕しようとはせず、そうするうち、「木上正行が、激しく憤ったり恨んだりして、山城国《やましろのくに》の甕原《みかのはら》のごろつきたち（「不善《ふぜん》の輩《やから》」）を仲間に引き入れて、氏不明の諸光《もろみつ》を中心に、最実たちを殺そうとしている」との旨を、伊賀為頼《いがのためより》が文書にして報告してきたのです』とのことである。最実の訴えるところの真偽は、情報が少なく、判断のしようがない。そこで、山城国の追捕使《ついぶし》である播美相奉《はんびのすけとも》と息長信忠《おきながののぶただ》とに命じて、事実を確認させて、そのうえで、正行たちを逮捕させせよ」との仰せである。

　長保《ちょうほ》二年（一〇〇〇）三月二日　　左衛門権少尉《さえもんごんのしょうじょう》 安倍信行《あべののぶゆき》がご命令を承《うけたまわ》る

なお、ここには、訴えを出した藤原最実たちが野辺園の荘官であることは明記されていない。が、事件との関わり方から見て、彼らが同園の荘官であることは、間違いあるまい。それにしても、「野辺園」とは、荘園の名称として、なかなかおもしろいものである。

荘園と「庄」「園」

荘園というと、「○○荘」という固有名詞を持つことが普通であるように思われるかもしれない。が、王朝時代には、野辺園の如く、「○○園」と呼ばれる荘園も存在していた。荘園には、やや込み入った歴史がある。そして、幾らか複雑な歴史は、荘園そのものにだけではなく、「荘園」という言葉にも、まとわり着いているのである。

われわれ現代人の間では、荘園のことを「荘園」と表記することが一般的であろう。しかし、多くの史料を調べても、この表記は、王朝時代の人々の間では、あまり用いられていない。彼らは、多くの場合、「庄園《しょうえん》」という表記を用いたのである。しかも、王朝時代の「庄園」という言葉は、「庄園」「荘園」と呼ばれる一つのものではなく、「庄《しょう》」「荘《しょう》」と呼ばれるものと「園《その》」と呼ばれるものとの二つを表していた。

まず、現代人が「荘園」と呼ぶものの多くは、王朝時代には「庄」「荘」と呼ばれていた。ただ、「庄」「荘」という言葉が本来的に意味したのは、私有農地の経営の拠点となる建物である。それは、農具や作物を収納したり管理者が滞在したりする施設であった。が、やがて、この建物を中心に経営される農地の全体が、「庄」「荘」と呼ばれるようになったのである。

また、われわれが「荘園」と呼ぶものの一部は、王朝時代には「園」と呼ばれていた。「園」という言葉は、本来、栗・柿・桑などの有用な樹木の群生地を中心とする私有地や狩猟に適した未開墾の私有地を意味した。が、そうした土地も、やがては農地化される。ただ、それでもなお、そうした私有地の一部は、「園」と呼ばれ続けたのであった。

そして、こうした事情から、王朝時代の人々は、現代人が「荘園」と呼ぶような私有の農地を指し示すとき、その代表的な存在である「庄」「荘」と「園」とを並べて、「庄園」「荘園」と記した。だから、彼らの用いる「庄園」「荘園」という表記は、「庄園」「荘園」という一つのものを意味するのではなく、「庄」「荘」と「園」との二つのものを意味する。これを「庄園」もしくは「荘園」という一つのものにしてしまったのは、後世の人々なのである。

なお、われわれ現代人が「荘園」として扱う王朝時代の私有地には、王朝時代当時には「牧《まき》」と呼ばれていたものもあり、また、当時には「厨《くりや》」と呼ばれていたものもあった。

「牧」という言葉は、本来、馬や牛を飼育する土地を意味する。が、王朝貴族たちが「牧」と呼んだ私有地の多くも、農地として開発されて、われわれが「荘園」と呼ぶものへと変貌していった。ただ、それでも、そうした私有地は、「牧」と呼ばれ続けたのである。

そして、「厨」という言葉の元来の意味は、食材としての魚介の供給地であった。したがって、それは、海岸や湖畔などの水辺の私有地であったが、これもまた、その多くが、われわれが「荘園」と呼ぶものと同じように、農地として開発されていったのである。しかし、このような私有地の多くが、その後も「厨」と呼ばれ続けたのであった。

寛仁《かんにん》三年（一〇一九）十二月九日の『小右記《しょうゆうき》』には、藤原実資《さねすけ》から娘の千《ち》古《ふる》への財産の相続のことが記されているのだが、その記事の一部を読み下し文で紹介すると、実資は、愛娘に相続させる財産を、「小野宮《おののみや》并《なら》びに荘《しょう》・園《その》・牧《まき》・厨《くりや》及び男女《おのこおんな》・財物《ざいもつ》・惣《すべ》ての家中《かちゅう》の雑物《ぞうもつ》・織芥《ちりあくた》」と記している。ここで、「小野宮《おののみや》」というのは、実資の邸宅のことだが、「荘・園・牧・厨」と見えるのは、彼の所有していた多様な成り立ちの荘園のことなのである。

放火の動機

かように、太皇太后昌子内親王が大和国に領有していた野辺園は、「園」に由来する荘園だったわけだが、その野辺園にも、農地経営の拠点となるような建物があった。そこには、収穫された稲が収められていたという。「園」から発展した荘園の中にも、言葉の本来の意味での「庄」「荘」があったのである。そして、長保二年三月二日付の検非違使別当宣が出されることになった端緒は、その建物が、収納する稲とともに焼失したことにあった。

この火事に際しては、野辺園が太皇太后領であったためか、大和国の国府も、わざわざ調査のための使者を送った。こうしたときに国府から派遣される使者は、当時、「国使《こくし》」と呼ばれるものであったが、事件に際しての国使の役割は、事件の起きた現地の郡司や刀禰を使って事実関係を調査して、その結果を国府に報告することにあった。

したがって、実際に事件の調査をするのは、野辺園の近辺を所管する郡司や刀禰である。そして、今回の調査にあたった郡司や刀禰は、それなりに優秀だったらしい。彼らは、問題の火事が放火であることを見抜いたうえに、それが木上正行の犯行であることをも突き止めたのである。

しかし、残念なことに、長保二年三月二日付の検非違使別当宣の文面には、木上正行が何者であるかは記されておらず、また、彼が野辺園で放火するに及んだ動機も記されていない。それゆえ、これらの点については、件の別当宣に見える他の情報から類推するしかあるまい。

木上正行に関して別当宣に見えるところを整理すると、次の如くである。

①火事の後、彼が放火犯であることを検非違使庁に訴え出たのは、野辺園の荘官と思《おぼ》しき藤原最実たちであった。

②藤原最実たちに恨みを抱き、彼らを殺害するべく、「不善の輩」と呼ばれるようなごろつきの武士たちを集めた。

③大和国の国府は、彼が放火犯であることを知りながら、しかも、藤原最実たちの訴えによって検非違使庁から働きかけがあったにもかかわらず、彼を逮捕するために動こうとはしなかった。

これらの事実から推測するならば、木上正行という人物は、大和国の武士であり豪族であって、かつ、野辺園の荘官の一人であったろう。その場合、彼は、藤原最実たちとは同僚であったことになる。

また、正行は、大和国の豪族として、幾らかは大和国の国府にも顔が利く身であったものと思われる。大和国の国府が正行の逮捕に消極的であったのは、同国府の中に正行に味方する者が少なからずいたからに違いない。

そして、正行が野辺園の「庄」「荘」と呼ばれるべき建物に火を放ったのは、彼が横領を働いていたからではないだろうか。その建物に納められていた稲の量はわからない。が、当然、それは、野辺園の財産であって、野辺園のために使われるべきものであったろう。したがって、その稲を正行が私的に持ち出していたとしたら、それは、横領という犯罪行為である。そして、正行は、自身の横領を隠蔽するため、稲を収納していた建物に火を放つことで、建物ともども稲が燃えてしまったかのように装ったのではないだろうか。

荘官

ときに、王朝時代において、荘園の領主は、多くの場合、中級貴族以上の貴族か大きな寺社かであった。それゆえ、領主が自ら荘園を管理することは稀であって、たいていは、領主に代わって現地で荘園を管理する現地管理人が置かれた。

この荘園の現地管理人のことを、高等学校の日本史の教科書の多くが「荘官」と呼んでいる。が、王朝時代当時の人々の呼び方としては、「庄司《しようじ》」あるいは「荘司《しようじ》」が一般的であった。さらに、「庄司」と「荘司」とでは、より多く用いられたのは、「庄司」である。ただ、「庄司」「荘司」というのは、荘官の一般名詞のようなものに過ぎない。というのは、王朝時代の現実として、荘官の呼び方は、荘園によってまちまちだったからである。

例えば、藤原公任が播磨国《はりまのくに》に持っていた荘園の荘官は、「庄司」と呼ばれた他、「総検校《そうけんぎよう》」「検校《けんぎよう》」「別当《べつとう》」「預《あずかり》」「専当《せんとう》」とも呼ばれた。また、東寺《とうじ》が丹波国《たんばのくに》に持っていた大山荘《おおやまのしよう》の荘官は、「庄司」と呼ばれた他、「別当」「庄預《しようあずかり》」とも呼ばれる。そして、興福寺《こうふくじ》が大和国に持っていた維摩会菓子園《ゆいまえかしえん》の荘官は、「園司《えんじ》」と呼ばれるとともに、「別当」とも「預」とも呼ばれた。さらに、某寺の荘園の荘官の場合、近江国《おうみのくに》の土田荘《つちだしよう》では「庄司」、同国の開田荘《かいだしよう》では「預」、摂津国《せつつのくに》の服部荘《はとりしよう》では「使《し》」と呼ばれ、藤原宣孝《のぶたか》が大和国に持つ田中荘《たなかしよう》の荘官の場合、「預」と呼ばれる。この他、当時の荘官の名称には、「下司《げし》」「公文《くもん》」といったものもあった。

このように、荘官の呼称は実に多様であったが、しかし、どのような呼び方をされるにせよ、荘官たちの仕事は同じである。荘園の領主たちが荘官たちに期待したのは、「勧農《かんのう》」「収納《すいのう》」「貢進《こうしん》」の三つであった。

王朝時代の人々が「勧農」と言ったのは、農地において耕作が行われるように手配することであって、荘園の場合だと、荘園内の農地を効率よく田堵《たと》たちに割り振ることであり、必要とあれば種籾《たねもみ》を貸し付けることである。そして、荘官の職務として言われる「収納」とは、荘園内の農地の経営を請け負う田堵たちから年貢を徴収することであり、同じく「貢進」とは、徴収した年貢を荘園の領主に納めることであった。要するに、荘園領主に荘園からの利益をもたらすことが、荘官の仕事だったのである。

当然、そんな荘官たちは、荘園領主から俸給を与えられていたわけだが、その俸給として最も大きなものは、荘園内の農地であった。それは、「給田《きゅうでん》」「職田《しきでん》」などと呼ばれる農地であって、ここから領主への年貢は、荘官の特典として免除されていた。

さて、以上のことからすれば、昌子内親王の野辺園の荘官であった藤原最実たちも、それぞれに「検校」「別当」「預」といった役職名を持ち、それぞれに「給田」なり「職田」なりを与えられて、「勧農」「収納」「貢進」に励んでいたことだろう。もちろん、これらは、木上正行についても、ほとんど同じだったはずである。

ただ、木上正行の場合、野辺園の荘官であるにもかかわらず、野辺園の財産である稲を横領してしまった。その稲は、領主の昌子内親王に貢進されるはずのものであったかもしれないし、種籾を持たない田堵に融通されるはずのものであったかもしれない。が、いずれにせよ、これを横領した正行は、確かに犯罪者であった。しかも、彼は、横領を隠蔽するために稲を収納していた建物（「庄」「荘」）に放火することで、さらに罪を重ねたのであった。

「不善の輩」と呼ばれる下級貴族たち

『今昔物語集《こんじやくものがたりしゆう》』巻第二十三第十五の「陸奥前司橘則光《むつのぜんじたちばなののりみつ》の人《ひと》を切《き》り殺《ころ》す語《こと》」は、清少納言《せいしようなごん》の最初の夫《おつと》として知られる橘則光の若い頃の話である。

蔵人《くろうど》を兼ねる左衛門尉《さえもんのじよう》であった若き日の則光は、ある夜、恋人との逢瀬《おうせ》のため、左衛門尉としての宿直《とのい》をさぼって、大内裏《だいだいり》から夜の左京《さきよう》へと出かけて行く。すると、大内裏の門を出てほどなく、東大宮大路《ひがしおおみやおおじ》と大炊御門大路《おおいのみかどおおじ》とが交わるあたりで、彼は、盗賊と思《おぼ》しき一団に出くわす。そして、初めは盗賊との関わり合いを避けようとした則光であったが、斬りかかられたため、やむなく斬り返すこととなり、ついには暗闇の中で三人を斬り倒したのであった。

一人で三人もの賊を斬り伏せたのだから、それを手柄として誇ってもよさそうなものだが、このときの則光は、逆に、これが表沙汰《おもてざた》になることを恐れた。血塗《ちまみ》れの武勇伝など、王朝貴族である彼には、むしろ、評判を落とすだけのものだったのだろう。そのため、則光は、返り血で汚れた衣裳を着換えると、大内裏の宿所へと戻り、素知らぬ顔をしていた。

ただ、大内裏のすぐ横に転がる三体もの斬殺死体が世の注目を集めないはずはなく、いったい何があったのかということが、宮中でも話題になった。そして、好奇心の強い若い殿上人《てんじょうびと》たちは、問題の屍骸を間近で見ることを望み、牛車に乗って、わざわざ謎の事件の現場に出かけたのであったが、則光もまた、これに巻き込まれてしまう。

殿上人たちや則光を乗せた牛車が三体の斬殺死体が転がるところへ向かう間も、殿上人たちは、まさに興味津々であったが、則光一人は、自身の仕業であることが明るみに出ることを恐れて、気が気でなかった。

ところが、いざ現場に着いてみると、年齢は三十歳ほどで下級貴族と思《おぼ》しき服装をした濃い髭面《ひげづら》の男が、やや派手な太刀《たち》を佩《は》き、転がる屍骸の脇に誇らしげに立って、通りかかる人々に、自身の武勇を語り聞かせていた。この男は、則光が黙っているのをいいことに、則光の手柄を自分のものにして、世間に自身の武勇を売り込んでいたのである。彼は、殿上人たちから仔細を尋ねられても、虚構の斬り合いについて、熱弁を振るったのだという。

さて、この嘘の武勇伝を吹聴する男は、服装からしても、太刀を佩いていることからしても、下級貴族家か地方豪族家かの出の武士に違いない。が、嘘の手柄を利用してまで自身を売り込もうとしていたところからすると、この時点での彼は、朝廷の官職を持っているわけでもなく、また、どこかの貴族家に侍《さぶらい》として仕えているわけでもなかっただろう。

そして、長保二年三月二日付の検非違使別当宣に、藤原最実たちの殺害をたくらむ木上正行が仲間として集めたことが見える「不善の輩」というのは、右の男のような武士たちであった。庶民ではないために地道な労働に従事する気はないものの、下級貴族や地方豪族に見合った仕事に就けずにいるような下級貴族あるいは地方豪族ほどの身のごろつきたちが、王朝時代には、都にも地方にも溢れていたのである。

当然、その中には、常習的な犯罪者も、数多く交じっていたことだろう。あるいは、則光に斬り殺された三人なども、そうした身であったかもしれない。第一章でも触れたように、当時は恩赦が頻繁に行われており、そうした事情が、前科はあっても仕事はなく、「不善の輩」と呼ばれたような、ごろつきの武士たちを、数多く世に解き放っていたのであった。

追捕使

この章の締め括りに、長保二年（一〇〇〇）三月二日付の検非違使別当宣の終わりに登場する追捕使《ついぶし》にも触れておこう。

王朝時代の中央政府である太政官《だじょうかん》から諸官司や地方諸国への命令書は、「太政官符《だじょうかんぷ》」と呼ばれるが、次に引用するのは、天暦《てんりゃく》十年（九五六）六月十三日の日付を持つ近江国に宛てられた太政官符である。そして、王朝時代の地方諸国に置かれた追捕使という官職についての史料としては、これ以上に詳しいものはあるまい。

太政官《だじょうかん》が近江国《おうみのくに》の国司《こくし》たちに文書《もんじょ》にして命令する
散位《さんに》従七位上《じゅしちいじょう》の甲可是茂《こうがのこれしげ》に近江国内の犯罪者集団（「凶党《きょうとう》」）を逮捕（「追捕《ついぶ》」）させよ。

右のことは、近江国の去年十月十七日付の申請書を手にしたところ、「謹んで事情を調べますに、この国は、東海道・東山道・北陸道の三つの地域を結んでおり、交通の要衝となっています。そのため、当国では、ろくでもない連中（「奸猾《かんかつ》の輩《やから》」）が国内をうろつき、強盗や殺害が頻繁に起きて絶えることがありません。そこで、私の前々任の受領国司は、国内の武士たち（「武芸の輩《ぶげいのやから》」）の中で、器量のある者を選んで、朝廷に申請して、追捕使にしたのでした。近年のこととしては、死んだ佐々貴山興恒《ささきやまのおきつね》や死んだ大友兼平《おおとものかねひら》などが、その例です。ところが、兼平が今年の二月に死んだため、私の前任の受領国司の近江介《おうみのすけ》藤原清正《きよまさ》は、『近江権大掾《おうみごんのだいじょう》の依知秦広範《えちはたのひろのり》を兼平の後任の追捕使に任命したい』という内容で、太政官に申請書を出しました。しかし、その広範は、もう老齢であり、かつ、武士ではありません。これに対して、右の甲可是茂は、忠義に篤く、文武に優れていますので、十分に捜索や逮捕（「追捕」）の任務を担うことができます。つきましては、太政官で検討して、先例に従い、例の是茂を追捕使に任命して近江国の国内を鎮めさせてくださるよう、お願い致します」とのことである。そこで、右大臣藤原師輔《もろすけ》が命じる。陛下がおっしゃるには、「申請の通りにせよ」とのことである。近江国は、この命令を承知して、命じられた通りに実行せよ。この命令書（「符《ふ》」）が到着したならば、実行に移せ。

正五位下《しょうごいげ》左中弁《さちゅうべん》藤原朝臣文範《ふじわらのあそんふみのり》　　左大史《さだいし》

天暦《てんりゃく》十年（九五六）六月十三日

　ここに見えるように、地方諸国に配置された追捕使とは、それぞれの国内を管轄とする治安担当者である。また、これに選ばれたのは、それぞれの国の豪族たちのうち、当時の言葉で「武芸《ぶげい》の輩《やから》」と評されたような、優秀な武士であった。

　そして、長保二年三月二日付の検非違使別当宣に大和国の追捕使として登場する二人も、大和国の優秀な武士であり有力な豪族であったことが推測される。息長信忠の息長氏は、奈良時代以前には大王（奈良時代以前の天皇の称号）の妃《きさき》を幾人も出した名族であり、奈良時代以降にも地方豪族としてはそれなりの勢力を持っていたに違いない。また、播美相《はんびのすけ》奉《とも》については、『除目大成抄《じもくたいせいしょう》』から、長徳《ちょうとく》二年（九九六）以前から正六位上《しょうろくいじょう》の位階と内舎人《うどねり》の官職とを持つ下級貴族であったことと、同年に内舎人から武蔵権大掾《むさしごんのだいじょう》へと遷任したこととが知られるから、彼が有力豪族であったことは、まず間違いないだろう。

第七章　ある郡司の災難

「別当参議従三位行皇后宮大夫兼勘解由長官右衛門督備前権守藤原朝臣公任」

ここに現代語に訳して紹介するのも、やはり、「三条家本北山抄裏文書《さんじょうけぼんほくざんしょううらもんじょ》」の一つであり、かつ、またしても、検非違使《けびいし》別当《べっとう》藤原公任《きんとう》から検非違使《けびいし》たちへの命令を伝える検非違使《けびいし》別《べつ》当宣《とうせん》である。

検非違使《けびいし》別当《べっとう》である参議《さんぎ》従三位《じゅさんみ》皇后宮大夫《こうごうぐうだいぶ》にして勘解由長官《かげゆのかみ》・右衛門督《うえもんのかみ》・備前権守《びぜんごんのかみ》を兼《か》ねる藤原公任殿《きんとうどの》が陛下の仰せを伝えるに、「典侍《ないしのすけ》で従五位上《じゅごいじょう》の藤原灌子《あつこ》殿《どの》が命じるに、『一条《いちじょう》天皇さまの勅命を承《うけたまわ》るに、「大和国《やまとのくに》の国司が提出した報告書（「解《げ》」）が言うには、『右大臣家《うだいじんけ》の使者である内蔵秋茂《くらのときしげ》・紀光延《きのみつのぶ》や前大和守《さきのやまとのかみ》橘《たちばなの》俊斉《としなり》のために、淡《おう》海兼正《みのかねまさ》・氏不明の永正《ながまさ》等が、添下郡《そえじもぐん》の郡司《ぐんじ》である常世澄明《とこよのすみあき》の私宅に踏み込んで、家財などを奪い盗り、また、清□秋則《あきのり》の息子を殺害した』とのことである。提出された文書を手がかりとして、淡海兼正らを取り調べ、罪状を明らかにせよ」とのことである』とのことである」とのことである。

長保《ちょうほ》元年三月二十九日　　右衛門少尉《うえもんのしょうじょう》伴為信《とものためのぶ》がご命令を承る

この別当宣は、これまでに紹介したものとは異なり、検非違使別当《けびいしべっとう》である藤原公任《きんとう》の肩書が詳細に記されているところがおもしろい。ちなみに、その公任の肩書を含む右の別当宣の冒頭の部分を、原文のまま示すならば、「別当参議従三位行皇后宮大夫兼勘解由長官《べっとうさんぎじゅさんみぎょうこうごうぐうだいぶけんかげゆのかみ》右衛門督備前権守《うえもんのかみびぜんごんのかみ》藤原朝臣公任伝宣」となる。長保《ちょうほ》元年（九九九）当時の公任は、従三位《じゅさんみ》の位階を持つ参議《さんぎ》であることを基本として、皇后宮大夫《こうごうぐうだいぶ》と勘解由長官《かげゆのかみ》と右衛門督《うえもんのかみ》と備前権《びぜんごんの》守《かみ》とを兼官し、さらに、右衛門督であるがゆえに検非違使別当《けびいしべっとう》をも兼ねていたのであった。

三十四歳になった長保元年（九九九）の公任は、まさに働き盛りであったろうが、それにしても、あれこれといろいろな官職を兼ねていたものである。藤原公任というと、普通、『拾遺和歌集《しゅういわかしゅう》』の撰集に大きな影響を与えたり、『和漢朗詠集《わかんろうえいしゅう》』を編纂したりと、文化史に関わる事績で知られる人物なのではないだろうか。が、彼の根本は、朝廷の官人なのである。

そして、この根本は、何も公任だけのものではない。あの藤原道長《みちなが》といい、『小右記《しょうゆうき》』を残した藤原実資《さねすけ》といい、清少納言《せいしょうなごん》が『枕草子《まくらのそうし》』において絶賛する藤原斉信《なりのぶ》といい、書家の藤原行成《ゆきなり》といい、われわれが「王朝貴族」として知る貴公子たちは、誰もが、朝廷の官人であることを存在の根本としていたのであった。

しかし、このことは、王朝貴族の誰もが有能であったことを、必ずしも意味しない。

藤原道長が左大臣《さだいじん》として臣下の筆頭の地位にあった長保元年当時、道長に続いて臣下の次席・第三席・第四席の地位にあったのは、それぞれ、右大臣《うだいじん》藤原顕光《あきみつ》・内大臣《ないだいじん》藤原公季《きんすえ》・大納言《だいなごん》藤原道綱《みちつな》であった。が、この顕光・公季・道綱の三人は、その地位の高さとは裏腹に、当時を代表する無能な貴公子たちだったのである。

そして、どこの組織においても、ものすごく偉い人たちが役に立たないとき、最も苦労するのは、その少し下の偉い人たちであろう。彼らは、自分たちの本来の仕事を熟《こな》しつつ、もっと偉い人たちが果たさなければならないはずの務めをも背負い込まなければならないのである。そして、そうした事情から多忙を極めた一人が、「別当参議従三位行皇后宮大夫兼勘解由長官右衛門督備前権守」の肩書を持った長保元年当時の藤原公任であった。

傍迷惑な右大臣

さて、藤原公任の「別当参議従三位行皇后宮大夫兼勘解由長官右衛門督備前権守」という長い肩書には、そんな事情があったわけだが、その無能さゆえに公任に多忙を強いた一人の右大臣藤原顕光は、長保元年（九九九）の春、今度は、地方で面倒な問題を起こすことによって、検非違使別当を務める公任の前に、さらに余計な仕事を用意してみせた。

すなわち、右大臣顕光の使者を務める内蔵秋茂《くらのときしげ》と紀光延《きのみつのぶ》とが、都から大和国《やまとのくに》へと下ると、その手先となる者たちを使って、同国の添下郡《そえじもぐん》の郡司《ぐんじ》を務める常世澄明《とこよのすみあき》の私宅を荒らさせ、しかも、その過程で人一人を死なせてしまい、そうした結果として、検非違使たちを大和国に出向かせることになったのである。

先に紹介した別当宣によれば、右大臣顕光の使者たちが大和国で事件を起こしたことが露見したのは、大和国の国司が「解《げ》」と呼ばれる報告書を通じて朝廷に報告したからであった。そして、その報告書（「解」）によると、右大臣顕光の使者を務める内蔵秋茂および紀光延は、大和国に下向するにあたって、前大和守《さきのやまとのかみ》 橘 俊斉《たちばなのとしなり》をともなっていた。

また、同じ解によると、秋茂・光延の手先として事件の実行犯となったのは、淡海兼正《おうみのかねまさ》と氏不明の永正《ながまさ》とであったが、この兼正および永正は、おそらく、武士であり現地の豪族であったろう。あるいは、この二人が右大臣顕光の使者たちの手先となるように取り計ったのは、前大和守の橘俊斉であったかもしれない。

そして、この一件で生命を落としたのは、清某秋則《きよ××のあきのり》という者の息子であったが、例の大和国司の解によると、彼は、右大臣顕光の使者たちの手先となった兼正・永正に殺されたのであった。とすれば、清某秋則は、添下郡司の常世澄明の従者であって、おそらくは、郎等《ろうどう》あたりであったろう。彼の息子が兼正・永正に殺されることになったのは、澄明の郎等の息子として、澄明の私宅を荒らす兼正・永正に手向かったためなのではないだろうか。

なお、王朝時代の法では、大臣の任にあるような有力貴族といえども、都の貴族が私的な使者を地方諸国に派遣することは、派遣先の国司の許可を得ていない場合には、明白な違法行為であった。「太政官符《だじょうかんぷ》」と呼ばれるのは、朝廷の中枢である太政官《だじょうかん》によって発行される命令書であるが、寛平《かんぴょう》三年(八九一)六月十七日付の太政官符は、漢文の原文を読み下して紹介するならば、「応《まさ》に諸院《しょいん》・諸宮《しょぐう》・諸家《しょけ》の使《つかい》の国司《こくし》を経《へ》ずして部内《ぶない》に闌入《らんにゅう》するを禁制《きんせい》すべき事《こと》」を主旨とするのである。右の読み下し文を現代語に訳すならば、「さまざまの上皇家《じょうこうけ》・さまざまの皇族家《こうぞくけ》・さまざまの貴族家《きぞくけ》の使者が国司に断らずに地方諸国に勝手に立ち入ることを禁止しなければならないこと」といったところだろう。

とすると、右大臣顕光は、長保元年（九九九）の春、その時点からだと百年以上も昔に禁止されたことを、かなり大っぴらにやったことになる。顕光が大和国に使者たちを送ったのは、同国の添下郡司である常世澄明に狼藉を働かせるためである。そんな顕光は、当然、件の使者たちに関して、事前に大和国司の許可を求めたりはしない。大和国司が自国に顕光の使者たちが入り込んでいることを知ったのは、一人が落命する事件が起きてしまってからであったろう。顕光の使者たちには、前大和守が同行していたようではあるものの、前大和守はあくまでも前大和守であって、けっして現職の大和国司ではないのである。

郡司への私的な制裁あるいは懲罰

使者を送って大和国添下郡の郡司の私宅を荒らさせたという右大臣藤原顕光の振る舞いは、延喜《えんぎ》五年（九〇五）八月二十五日付の太政官符にも違反しているかもしれない。

右の太政官符は、これも原漢文を読み下して紹介すると、「応《まさ》に諸院《しょいん》・諸宮《しょぐう》・諸家《しょけ》の国司《こくし》を経《へ》ずして郡司《ぐんじ》・雑色人等《ぞうしきにんら》を召《め》し勘《ただ》すを停止《ちょうじ》すべき事《こと》」を主旨とする。そして、この読み下し文を現代語にするならば、「さまざまの上皇家・さまざまの皇族家・さまざまの貴族家が国司に断らずに地方諸国の郡司たちや雑多な者たちを捕らえて裁くのをやめさせなければならないこと」となろうか。

長保元年（九九九）三月二十九日付の検非違使別当宣によれば、右大臣顕光の使者として大和国に下った内蔵秋茂・紀光延は、現地の武士らしき淡海兼正・氏不明の永正などを実行役に用いて、添下郡司の常世澄明の私宅を掠奪したのであったが、この掠奪は、少なくとも右大臣顕光の側の心づもりとしては、単なる掠奪ではなく、澄明に対する制裁あるいは懲罰としての掠奪だったのかもしれない。王朝時代には、検非違使が実行する朝廷による公的な制裁・懲罰においてであれ、貴族たちによる私的な制裁・懲罰においてであれ、制裁・懲罰の対象者は、しばしば私宅を掠奪されたのである。私的な制裁・懲罰の対象となった者は、極端な場合には、私宅にある家財を洗い浚い奪われるだけでは済まずに、家宅そのものを破壊されたうえに、家宅を構成していた建材の全てを取り上げられさえしたのであった。

では、なぜ、右大臣の顕光が、大和国添下郡の郡司などに、個人的に制裁なり懲罰なりを加えることになったのだろうか。

この問いに対する答えは、延喜五年八月二十五日付の太政官符に見える。

まず、この太政官符は、「さまざまの上皇家・さまざまの皇族家・さまざまの貴族家が国司に断らずに地方諸国の郡司たちや雑多な者たちを捕らえて裁くのをやめさせなければならないこと」を法制化するものであるが、このような法制が必要だったのは、言うまでもなく、当時、現に上皇や皇族や有力貴族が「国司に断らずに地方諸国の郡司たちや雑多な者たちを捕らえて裁く」という現実があったからであろう。新たな法が作られるのは、普通、何かしらの現実に対処するためである。

そして、上皇や皇族や有力貴族が、私的に郡司や地方の人々に制裁や懲罰を加えたのは、右の太政官符の言葉を読み下しで引用するならば、「偏《ひとえ》に田宅資財《でんたくしざい》の事《こと》に就《つ》きて」であった。「田宅資財」とは、要するに、荘園のことであり、しかも、「偏に」と言われているくらいだから、とにかく荘園こそが問題だったことになる。つまり、王朝時代の上皇や皇族や有力貴族は、地方に領有する荘園をめぐって、地方の住人との間に利害の対立が生じたときに、その対立の相手に対して、私的に制裁を加えたり懲罰を与えたりしていたのであった。

とすると、右大臣顕光が使者を大和国に派遣して同国添下郡の郡司である常世澄明の私宅を荒らさせたのは、顕光が大和国添下郡に領有する荘園をめぐって、澄明が顕光の利益に反する行動をしたためであったろう。また、そうだとすれば、顕光の使者たちの指示のもと澄明の私宅の掠奪を実行した淡海兼正・氏不明の永正などは、問題の顕光領荘園の荘官だったのではないだろうか。

荘園を侵害する郡司

王朝時代において、諸国の郡司たちは、地方における課税・徴税の実行役であった。第四章では、受領国司たちが私的な従者である郎等《ろうどう》を手足として課税・徴税を行っていたことに触れた。受領国司たちは、自身の郎等たちに「国使《こくし》」の肩書を与えたうえで、この国使たちを国内の各地に派遣して、彼らを課税・徴税の責任者にしたのである。

しかし、この国使の監督のもと、課税・徴税の実務を担ったのは、各地の郡司たちであった。郡司たちこそが、課税対象を具体的に設定したのであり、米や絹などの税を実際に徴収したのである。国使として派遣された受領国司の郎等たちは、普通、郡司たちの働きを監督するだけであった。

そして、こうした事情のゆえに、王朝時代の郡司たちは、ときに荘園の利権を損ねることがあった。つまり、課税・徴税の実行役であった郡司たちは、しばしば、本来は誰かの荘園の農地であって税を免除されている土地に税を課すこともあれば、そうした土地で農業を営む人々から税を取り立てることもあったのである。

郡司たちにしてみれば、課税・徴税の可能な農地は、多ければ多いほど都合がよかった。というのも、彼らも、課税の過程では、納税者に接待を要求したからであり、また、徴税にあたっては、自分の取り分を上乗せしたり納税者から手数料を取ったりしたからである。郡司たちもまた、受領国司ほどではないまでも、税制に寄生して私腹を肥やしたのであった。

「正倉院文書《しょうそういんもんじょ》」と呼ばれるのは、東大寺《とうだいじ》の正倉院《しょうそういん》に保管されていた文書群であるが、その正倉院文書の一つである治暦《じりゃく》二年（一〇六六）二月十八日付の美濃国符案《みののこくふあん》を見るならば、郡司による課税・徴税がときに荘園の利権と抵触したことは、誰の眼にも明白となるだろうか。

「国符《こくふ》」と呼ばれるのは、地方諸国の国府《こくふ》が発行した命令書であるから、「美濃国符案」というのは、美濃国の国府が発行した命令書の下書きである。そして、右の治暦二年二月十八日付の美濃国符は、同国の安八郡《あんぱちぐん》および厚見郡《あつみぐん》の郡司に宛てたもので、両郡の郡司に東大寺領荘園への課税を禁じている。

この下書きだけが残る国符に引用されている東大寺の奏状《そうじょう》によると、東大寺が美濃国の安八郡および厚見郡に領有する大井荘《おおいしょう》および茜部荘《あかなべしょう》は、かつて天皇によって寄進された荘園であり、それゆえに永く税を免除されてきたのであったが、近年のこととして、さまざまに税を課されるようになり、かつ、かなり厳しい取り立てを受けるようになったのであった。そして、この不当な課税・徴税を実行したのは、当然、安八郡・厚見郡の郡司であったろう。事実、この件を東大寺からの上奏によって知った天皇が、美濃国に対して大井荘・茜部荘に対する課税・徴税をやめるように命じると、美濃国の国府は、例の国符を発して、「郡司《ぐんじ》等《ら》の宜《よろ》しく承知《しょうち》して件《くだん》に依《よ》りて停止《ちょうじ》すべし」と、二つの東大寺領荘園に対する課税・徴税の停止を、明らかに、安八郡司および厚見郡司に命令しているのである。

このような事実からすれば、右大臣藤原顕光が大和国添下郡に領有する荘園が、同郡の郡司である常世澄明によって侵害されたということも、十分にあり得るだろう。その侵害というのは、具体的に言えば、本来は税を免除されるはずの農地が澄明によって課税・徴税の対象にされたといったことに他ならない。

大和国添下郡の豪族たち

　そうして右大臣藤原顕光を怒らせた常世澄明は、郡司であった事実からして、現地の有力な豪族であったろうが、王朝時代の史料に常世氏が登場することは、非常にめずらしい。

　古代の日本人にとって、「常世《とこよ》」というのは、死後の世界や異世界や理想郷を意味する言葉であって、そんなありがたい言葉を氏族名に戴く常世氏は、紀元前の中国に存在した燕国の王族を祖とする渡来人の流れを汲むという。また、この常世氏は、奈良時代の途中までは赤染《あかぞめ》氏であったが、「赤染」という氏族名は、赤を聖なる色とする古代の神仙思想と関係があるらしく、かつての赤染氏が新しい氏族名として「常世」を選んだのも、神仙思想の理想郷である神仙郷と常世とを重ね合わせてのことであったかもしれない。

　そして、奈良時代以降、常世氏が多く住んだのは河内国《かわちのくに》の大県郡《おおがたぐん》であったから、王朝時代においても、同郡には常世氏の豪族がいたことが考えられる。これに対して、郡司を務めるほどの有力豪族である常世澄明が地盤としていたのは、大和国添下郡であったが、この添下郡は、大和国の北西端に位置し、また、河内国大県郡は、大和国の北西部と接していて、両郡は、隣接こそしていないものの、かなり近い距離にあったから、常世氏が大和国添下郡の有力豪族となっていたとしても、怪しむには足りないのではないだろうか。

しかし、常世澄明の郎等であったと思しき「清□秋則」については、氏族名の一字が欠けていることもあって、その身元を探ることは難しい。「清」の字ではじまる氏族名としては、まずは清原深養父《きよはらのふかやぶ》・清原元輔《もとすけ》・清少納言《せいしょうなごん》といった歌人を輩出した清原《きよはら》氏が思い浮かぶが、その他、主要なものだけでも、凡河内《おおしこうち》氏とつながる清内《きようち》氏もあれば、唐国から帰化した沈惟岳《しんいがく》を祖とする清海《きよみ》氏もあり、都の下級貴族層にあって王朝時代には陰陽師《おんみょうじ》を出したこともある清科《きよしな》氏もあり、さらには、皇族を祖とする清滝《きよたき》氏もあるのである。

一方、常世澄明の私宅の掠奪の実行役となった淡海兼正については、既に触れたように、右大臣藤原顕光が大和国添下郡に領有する荘園の荘官であったことが考えられる。また、そんな彼のことは、現地の有力な武士・有力な豪族の一人と見做して間違いないだろう。ただ、所謂「近江朝廷《おうみちょうてい》」の主にして所謂「壬申の乱《じんしんのらん》」の敗者となった大友皇子《おおとものみこ》を祖とする淡海氏は、その氏族名を「近江」と表記されることもあって、本来、近江国《おうみのくに》を地盤とする氏族であった。とすれば、淡海兼正は、先祖の仇敵であるはずの天武《てんむ》天皇（大海人皇子《おおあまのみこ》）の血統によって拓かれた大和国で、いかにして豪族に成り上がったのだろうか。

ちなみに、王朝時代の淡海氏を探してみると、わずかに淡海安延《やすのぶ》についてのみ、永く太政官文殿《だじょうかんふどの》の使部《しぶ》を務めて永祚《えいそ》元年（九八九）五月二十一日までに太政官厨家案主《だじょうかんちゅうけあんじゅ》を兼ねるようになっていたことが知られるとともに、正暦《しょうりゃく》二年（九九一）五月二日までに太政官厨家案主から大膳少属《だいぜんしょうぞく》へと遷任していたことが知られる。これらは、王朝時代の終わりに編纂された法令集の『類聚符宣抄《るいじゅうふせんしょう》』に収められた宣旨《せんじ》あるいは定文《さだめぶみ》によって判明するところであるが、太政官文殿使部を永く務めたうえで、太政官厨家案主を経て、ようやく大膳職《だいぜんしき》の主典《さかん》に過ぎない大膳少属に任官した淡海安延は、都に暮らす貴族の一人ではあっても、下級貴族層の中でも下層に位置する最下級の下級貴族であった。

淡海氏は、やはり、近江国の外では振るわなかったのだろうか。

憧れの存在としての郡司

ところで、王朝時代において、郡司というのは、どのような存在だったのだろうか。

『今昔物語集《こんじゃくものがたりしゅう》』巻第十六第八の「殖槻寺《うえつきでら》の観音《かんのん》の貧《まず》しき女《おんな》を助《たす》け給《たま》ふ語《こと》」という話の主人公は、大和国敷下郡《しきのしもぐん》の「大《おお》きに富《と》める」という郡司の一人娘である。そして、彼女が二十歳を過ぎると、数多くの男性たちが求婚する。この娘は、ずいぶんな美人であったとされるが、しかし、彼女が郡司の一人娘であったことからすれば、求婚者たちの目的は、彼女自身というより、豊かな郡司の聟《むこ》となり、やがては次の郡司となって豊かに暮らすことであったろう。

郡司というのは、まず何より、豊かさによって特徴付けられる存在だったのである。ただ、件の郡司の娘は、まだ結婚もしないうちに両親を亡くしてしまい、次第に零落していく。月日の経過に従って家が荒れるとともに、それまで仕えていた従者たちは、全て逃げ出してしまい、また、父親が所有していた領地は、全て他人に奪われてしまう。

しかし、ここからは、郡司について、多くの従者を持つものであったことが知られるとともに、多くの領地を持つものであったことが知られる。郡司は、単に豊かなだけでなく、地域の有力者だったのである。郡司は、やはり、有力な地方豪族だったのだろう。

なお、一度は零落した郡司の娘であるが、彼女は、最終的に、隣の郡の郡司の息子と結ばれて、生活を立て直すことに成功する。

そして、それは、彼女の両親が、生前、郡内にある殖槻寺《うえつきでら》に足繁く通い、その寺の本尊の聖観音像《しょうかんのんぞう》に娘の幸福を熱心に祈っていたためであった。とすれば、郡司の息子と結婚することは、そして、いずれは郡司の妻となることは、豊かな郡司の家に生まれた女性にとっても、文句なしの幸福であったことになる。

郡司というのは、王朝時代の地方に暮らす人々には、憧れの存在だったのだろう。

ちなみに、『今昔物語集』巻第二十第三十六の「河内守《かわちのかみ》の慳貪《けんどん》によりて現報《げんぽう》を感《かん》じる語《こと》」という話は、王朝時代の郡司の豊かさを、具体的に教えてくれる。

この話の主人公の河内国讃良郡《さらら ぐん》の郡司は、あるとき、わざわざ比叡山《ひえいざん》の高僧を招いてまで、立派な法会《ほうえ》（仏事）を催そうとする。そして、この法会のために郡司が用意した布施は、五十疋《ぴき》の「絹《きぬ》」・三十疋《ぴき》の「綾《あや》」・三十疋《ぴき》の「八丈絹《はちじょうぎぬ》」であった。

「絹」というのは、標準的な絹織物のことであり、「疋《ひき》」というのは、王朝時代において絹織物を数えるのに用いられた単位である。そして、当時、一疋の普通の絹織物は、一石《こく》から二石の米と等価であった。したがって、五十疋の「絹」は、最大で米百石と等価となる。また、「綾」や「八丈絹」は、上等の絹織物であって、その価値は、普通の絹織物の倍以上となり、特に上質のものともなれば、普通の絹織物の何倍もの価値を持つ。されば、三十疋の「綾」も、三十疋の「八丈絹」も、その価値は、米百石などを軽く超えたに違いない。

また、『今昔物語集』巻第十七第十三の「伊勢《いせ》の国《くに》の人《ひと》の地蔵《じぞう》の助《たす》けによりて命《いのち》を存《ぞん》する語《こと》」という話からは、地域における郡司の影響力の大きさが窺われようか。

この話では、伊勢国飯高郡《いせのくにいいたかぐん》に住む三人の庶民男性たちが、三十メートルを超える深さの穴に入って水銀を掘るという命懸けの仕事に挑む。そして、この三人に危険な仕事を強いたのは、同郡の郡司だったのである。

哀れな存在としての郡司

そんな郡司は、ときに都の貴族と姻戚関係《いんせきかんけい》を持つこともあった。

『今昔物語集』巻第二十二第七の「高藤《たかふじ》の内大臣《ないだいじん》の語《こと》」は、山城国宇治郡《やましろのくにうじぐん》の郡司の娘が内《ない》大臣《だいじん》藤原高藤《たかふじ》の子供を産むことになった次第を、次のように語る。

若き日の高藤は、平安京南東郊へと鷹狩《たかがり》に出かけた折、天候の急変に見舞われたため、檜垣《ひがき》に囲まれて板葺《いたぶき》の寝殿《しんでん》を持つ家を見付け、そこに避難する。その家の主は、山城国宇治郡の郡司を務める宮道弥益《みやじのいやます》であったが、そこで夜を明かした高藤は、弥益の娘の列子《つらこ》と契《ちぎ》りを交わすのであった。そして、この一夜の契りは、一人の女児を誕生させることになる。また、やがて列子を都に迎えた高藤は、その後、列子との間に二人の男児を儲けるのであった。

なお、こうして列子が産んだ二人の男児が、後の大納言定国《だいなごんさだくに》と右大臣定方《さだかた》とであるから、宮道弥益は、一介の郡司でありながら、公卿《くぎょう》の外祖父となったことになる。しかも、列子が産んだ女児は、やがて宇多《うだ》天皇の女御《にょうご》となって、醍醐《だいご》天皇を産むのであった。弥益は、上級貴族家の姻戚になったばかりか、天皇家の縁者にもなったのである。

とはいえ、これなどは、例外中の例外であった。基本的に、地方においては羨望の眼差しを向けられる郡司も、都の貴族たちからすれば、庶民と変わらない存在でしかなかったのである。

『今昔物語集』巻第二十四第五十五の「大隅国《おおすみのくに》の郡司《ぐんじ》の和歌《わか》を読《よ》む語《こと》」に登場する郡司は、失敗を繰り返していたため、大隅守《おおすみのかみ》の判断で、笞打《むちう》ちの刑《けい》に処せられることになる。が、王朝時代において、笞打ちは、身分のある者の受ける罰とは見做されていなかった。自身は中級貴族である大隅守は、郡司を、庶民と同様に見下していたのである。

これと同様の傾向は、『今昔物語集』巻第十六第十八の「石山《いしやま》の観音《かんのん》の人《ひと》を利《り》する為《ため》に和歌《わか》の末《すえ》を付《つ》くる語《こと》」の近江守《おうみのかみ》にも確認される。彼は、近江国伊香《いか》郡《ぐん》の郡司の妻がたいへんな美人である旨の噂を聞くと、その妻を伊香郡司から取り上げようとするのである。そんな理不尽が罷《まか》り通ると考えていた近江守は、やはり、郡司をひどく見下していたのだろう。

また、『今昔物語集』巻第二十四第五十六の「播磨国《はりまのくに》の郡司《ぐんじ》の家《いえ》の女《おんな》の和歌《わか》を読《よ》む語《こと》」

においては、中級貴族である播磨守《はりまのかみ》ではなく、播磨守に侍《さぶらい》として仕える下級貴族が、播磨国《はりまのくに》の郡司の家で横柄な態度を取る。この侍は、下級貴族の身で、郡司を見下しているのである。

しかも、この話からは、郡司自身が郡司を都の貴族よりかなり下に見ていたことが窺われる。件の横暴な侍が郡司の家の女房《にょうぼう》にやり込められることになると、郡司は、よろこぶどころか、播磨守から罰せられると思って、ひたすら恐縮するのであった。彼は、都に帰れば一人の中級貴族に過ぎない播磨守が恐ろしく、また、その播磨守を頼みとする侍までもが怖くて仕方なかったのである。

『今昔物語集』巻第二十第十の「陽成院《ようぜいいん》の御代《みよ》に滝口《たきぐち》の金使《こがねのつかい》に行《い》く語《こと》」という話においても、下級貴族に過ぎない滝口《たきぐち》の武士などが、平然と信濃国《しなののくに》の郡司の妻に手を出そうとし、それにもかかわらず、郡司の側は、滝口をうやうやしく扱う。郡司は、都の貴族に対しては、服従するしかなかったのである。そして、これが、地方諸国の郡司たちにとっての王朝時代の現実であった。

第八章　難破船を襲撃する人々

「寄り物」の習俗と海辺の武士

「寄《よ》り物《もの》」と呼ばれるのは、浜に打ち上げられた漂着物であり、また、そうした漂着物は発見者（もしくは発見者の所属する集団）の所有に帰するという民俗である。そして、この寄り物の民俗は、かつて、貧しい海村において、生活の資の一つとなっていた。

ただ、寄り物という民俗は、しばしば浜辺に暮らす人々を残酷な行為に走らせもしたという。すなわち、幾つかの海村の住人たちについて、今は昔のこと、悪天候のために船人たちが視界を奪われる夜に、浜で火を焚くなどして、そこに港があるかのように装い、沖を行く船を浅瀬や暗礁におびき寄せて故意に座礁させると、「寄り物」と称して船荷を運び去った、ということが伝えられているのである。

そして、これは、単なる伝承ではないかもしれない。

例えば、明治政府が江戸幕府の法令集として編纂した『徳川禁令考《とくがわきんれいこう》』によれば、江戸時代中期の正徳《しょうとく》二年（一七一二）八月、幕府が浦々に立てた高札は、航行する船を故意に難破させて積荷などを奪うことを禁じるものであった。こんな禁令が出されたのは、やはり、ここに禁じられていることが、当時、海辺の村々において、現に広く行われていたからであろう。

なお、右の江戸幕府の禁令は、「寄り物」を目当てとして故意に船を難破させることをめぐるものであって、自ずと難破した船から「寄り物」として積荷を持ち去ることを禁じているわけではない。とすると、難破した船が海辺に暮らす人々に掠奪されることは、江戸時代の社会通念として、当たり前のことだったのではないだろうか。

しかも、そうした社会通念は、かなり古くからのものであったらしい。

鎌倉幕府が寛喜《かんぎ》三年（一二三一）の六月に「海路往反の船の事《かいろおうへんのふねのこと》」として出した法令は、各地の地頭《じとう》たちが難破した船を掠奪することを禁止する。この法令において、鎌倉幕府は、難破船の掠奪を、「縦《たと》ひ先例《せんれい》為《た》ると雖《いえど》も、諸人《しょにん》の歎《なげ》き也《なり》（たとえ昔からの慣行であるとしても、多くの人々を悲しませるものである）」と位置付けて、「無道也《むどうなり》」と評するのである。

が、この禁令は、皮肉にも、難破船を掠奪することが「先例《せんれい》」であったことについての、何よりの証拠となっている。つまり、右の寛喜三年の禁令は、難破船の掠奪が昔からの慣行であったことを、図らずも証言しているのである。寛喜三年というと、鎌倉時代の前期であるから、海辺に暮らす人々が難破した船を掠奪することは、鎌倉時代以前から、慣習法において許されていたのだろう。

事実、平安時代中期にあたる王朝時代の長徳《ちょうとく》四年（九九八）のこと、百八十石《こく》の米などを積んで備前国《びぜんのくに》から難波津《なにわづ》（大阪湾）の淀川河口《よどがわかこう》へと向かっていた一艘の船が、摂津国《せっつのくに》武庫郡《むこぐん》の港において、強風のあおりで波を被って沈みかけたところ、ひどい略奪に遭っている。その船は、積荷を持ち去られるどころか、その船体までをも解体されたうえで運び去られたのだという。しかも、このとき、略奪者たちは、ただただ略奪するだけではなく、船長の殺害を企んでもいたのであった。これは、まさに、「無道」と評するしかあるまい。

そして、「寄り物」にかこつけた長徳四年の「無道」の首謀者は、鎌倉武士たちの曾祖父の曾祖父たちの一人であった。王朝時代の武士たちの中には、海の近くに暮らして、海辺の住人ならこその荒事に精を出す者もいたのである。

殺されかけた難破船の船長

次に現代語訳で紹介するのは、「三条家本北山抄裏文書《さんじょうけぼんほくざんしょううらもんじょ》」の一通で、「備前国鹿田荘梶《びぜんのくにかだのしょうかん》取解《どりげ》」として知られる古文書である。

備前国《びぜんのくに》の鹿田荘《かだのしょう》に居住する梶取《かんどり》（船長）の佐伯吉永《さえきのよしなが》が文書を差し上げて検非違使庁《けびいしちょう》の裁定を申し請います。

特別に朝廷の恩顧を蒙りまして、私が他人から借りて乗っていた二百六十石積《こくづみ》の船一艘《そう》および船にあったさまざまな物品などを、共謀して壊して持ち去った、摂津国《せっつのくに》長渚浜《ながすはま》に住んで「高先生《こうせんじょう》」の通称を持つ秦押領使《はたおうりょうし》および水手《かこ》（船員）の秦米茂《はたのよねしげ》を裁いていただきたく存じます。

この件についての調書を添えます。

右のことにつきまして、吉永が謹んで事情をご説明致します。例の船は、備前国の鹿田荘の別当《べっとう》（荘官《しょうかん》）を務める渋川幸連《しぶかわのゆきつら》のものです。そして、吉永は、奈良の秋篠寺《あきしのでら》が美作国《みまさかのくに》に持つ荘園から秋篠寺へと百八十石《こく》の米《よね》と二十籠《こ》の塩とを運ぶために、その船を借りました。しかし、吉永が梶取《かんどり》（船長）となって船に例の米や塩などを積んで瀬戸内海を都に向かって上っていたところ、今月の二日、摂津国武庫郡《せっつのくにむこぐん》の小さな港で強い南風に遭って、船が海に沈んでしまったのです。すると、船に同乗していた秋篠寺の荘園の使者は、海水に濡れた米などを、その場で全て売り払いました。また、水手（船員）の秦米茂は、急に悪いことを考え、船内にあったあれこれを盗んで逃げてしまったのでした。しかも、その後、例の米茂は、長渚浜の「不善の輩《ふぜんのやから》」で「高先生」の通称を持つ秦押領使などを仲間に引き込んで、吉永を殺そうとしたのです。

そこで、私は、身を守るため、船と船にあったあれこれとを確認したうえで、それらを現地の人に預けて、その地を離れたのでしたが、その間に、米茂や秦押領使は、好き放題に例の船そのものおよび船にあったあれこれを全て壊して持ち去ったのです。

そして、目下、私にとって、このこと以上につらいことはありません。

つきましては、検非違使庁が裁定を下されて、例の「不善の輩」を裁き、かつ、彼らが壊して持ち去った船および船の内のさまざまな物品を取り返してくださるよう、よろしくお願い致します。この願いを聞き入れてくださるなら、朝廷の貴さを思い知ることになるでしょう。

そこで、このような文書を記しまして差し上げる次第です。

長徳《ちょうとく》四年（九九八）二月二十一日

備前国梶取佐伯吉永《びぜんのくにかんどりさえきのよしなが》

これを書いた佐伯吉永《さえきのよしなが》は、自ら「備前国梶取佐伯吉永《びぜんのくにかんどりさえきのよしなが》」と署名しているところから見て、貴族ではなく、庶民であったろう。「梶取《かんどり》」というのは、他の言葉で表現するなら、「船頭《せんどう》」のことであり、より現代に適した表現をするなら、「船長」のことであって、朝廷の官職ではないのである。ただ、右の文書から、他人の所有する船を借り受けて船長となり、さらに別の他人から物資の輸送を請け負っていたことの知られる吉永は、庶民は庶民でも、それなりに豊かな上層庶民であったに違いない。

梶取佐伯吉永の収入

佐伯吉永は、「梶取（船長）」と自称してはいても、自身で船を所有してはいなかった。かといって、彼の場合、誰かから給料をもらって船に乗る「雇われ船長」でもない。吉永は、現代風に言うならば、あくまでも一人の事業主であって、他人の所有する船を借り、かつ、船の航行に必要な水手（船員）を雇い集め、こうして準備した船によって自ら輸送

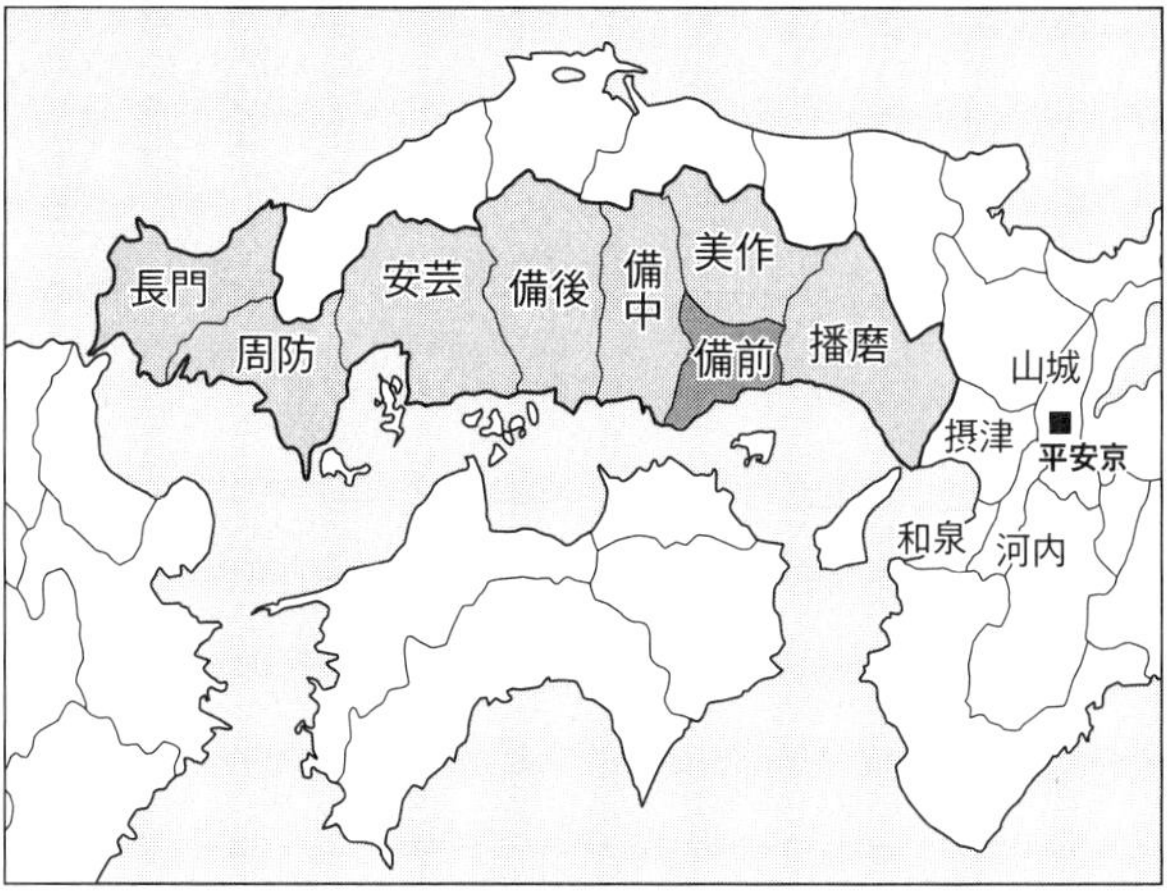

山陽道（古代）

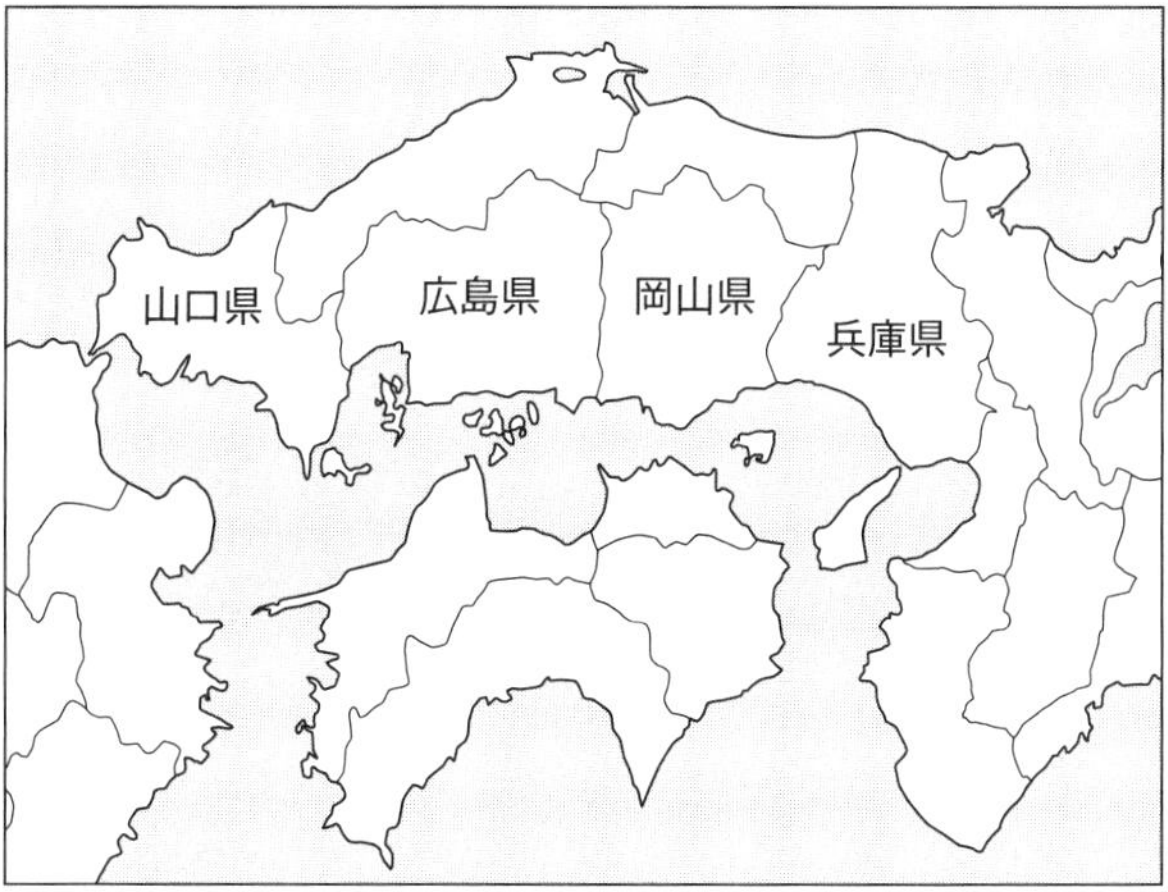

山陽道（現代）

を請け負うという事業を展開していたようなのである。

このビジネスモデル（事業形態）であれば、吉永に輸送を委託する荷主が出す輸送料が、吉永の輸送事業にとっての売り上げになる。

延喜《えんぎ》年間に編纂が企図されたことで『延喜式《えんぎしき》』として知られる法令集には、地方諸国から都までの輸送費の規定も見えるが、それによると、海のない美作国《みまさかのくに》から都へと送られる物資は、まずは隣接する備前国《びぜんのくに》まで陸送された後、備前国から船で海上を運ばれて、難波津《なにわづ》（大阪湾）から淀川を遡って淀の港に陸揚げされ、最後は都まで再び陸送されることになっている。とすると、吉永が受け取った輸送料は、備前国から淀までのものであったろう。

そして、『延喜式』の定める備前国から淀の港までの海上輸送の費用は、一人の梶取（船長）と二人の水手（船員）とで米五十石を運ぶという前提で、全て合わせて米五石《こく》となる。すなわち、船の使用料が、米一石について米五升《しょう》で、合わせて米二石五斗《と》であり、また、人件費が、梶取一人に米一石と水手二人に米一石五斗とで、合わせて二石五斗である。これに対して、吉永が輸送を請け負った荷物は、米百八十石と塩二十籠《こ》とであったかから、吉永に支払われる輸送料は、米二十石余りであったろうか。史書の『日本紀略《にほんきりゃく》』からは、永観《えいかん》二年（九八四）十一月六日の時点で塩一籠が米一石六斗から米一石七斗ほどの価値を持っていたことが推測されるので、吉永が預かった荷物は、米二百十三石と見做すことができるはずなのである。

が、これは、あくまでも売り上げであって、この米二十石余りが丸ごと吉永の懐に入るわけではない。事業主である彼は、雇い集めた水手（船員）たちに給料を払わなければならないし、また、船の使用料も払わなければならない。もしかすると、これ以外にも何かと必要経費が発生するかもしれないが、とにかく、荷主の支払う輸送料から、少なくとも水手たちの給料と船の使用料とを差し引いた残りが、事業主である吉永の収益となる。

ここで、吉永の集めた水手の数が八人であったとして、八人の水手たちの一人一人に、『延喜式』の規定に准じて米七斗五升ずつの給料を支払うならば、水手の人件費は、合わせて米六石である。また、『延喜式』の定めるところ、米五十石を運ぶための船の使用料が米二石五斗であったから、吉永が船の持ち主に支払う船の使用料は、米十石余りとなろうか。すると、吉永にとっての必要経費は、最低でも米十六石余りであり、したがって、吉永の得る収益は、最大で米四石といったところであったろう。

なお、『延喜式』の規定では、備前国から淀までの海路の旅に要する日数は、九ヶ日で

平安時代の海船（「北野天神縁起絵巻」、北野天満宮蔵）

あるから、その九ヶ日で米四石ほどを稼ぐことのできる梶取というのは、王朝時代において、かなり実入りのいい仕事であったに違いない。当時、庶民の男性が単純労働に従事した場合の日当は、米一升であって、そのような労働者は、丸一年の間、一日の休みもなく働き続けたところで、米四石を手にすることはできなかったのである。

王朝時代の瀬戸内海を行き交った船

ところで、今回の航海のために佐伯吉永が借りた船は、二百六十石積《こくづみ》の船であった。

王朝時代の米一石《こく》は、現在の米四斗《と》と同量であって、その重さは、約六十キログラムである。したがって、二百六十石積の船の積載可能重量は、一万五千六百キログラム＝十五・六トンになるが、これだけの積載量を持つ船は、王朝時代においては、かなり大きなものであった。当時の瀬戸内海を航行した船としては、三百石積のものが最大級だったのである。
ただ、そんな船でも、「備前国鹿田荘梶取解」に「摂津国武庫郡の小さな港で強い南風に遭って、船が海に沈んでしまった」と見える如く、強い南風に遭っただけで沈んでしまう。しかも、それは、海原を進んでいるときではなく、港に停泊している折であった。
『枕草子《まくらのそうし》』の「うち解《と》くまじきもの」の一句ではじまる段には、当時の船について、おそらくは清少納言《せいしょうなごん》自身の見聞にもとづいてであろう、次のようなことが書かれている。

物をいと多く積み入れたれば、水際《みずぎわ》は、ただ一尺《しゃく》ばかりだになきに、下衆《げす》どもの、いささか「恐ろし」とも思はで、走りありき、「つゆ荒《あろ》うもせば、沈《しず》みやせむ」と思ふを、大きなる松の木などの、二三尺にて丸《まろ》なる、五つ六つ、ぼうぼうと投げ入れなどするこそ、いみじけれ。

この時代に瀬戸内海を行き交っていた船は、三百石積の最大級のものも含めて、丸木舟であった。王朝時代の日本には、いまだ構造船――竜骨を中心に多くの木材を組み合わせて造る船――を造る技術がなかったのである。そして、当時の船は、丸木舟であったがゆえに、船底が浅く、したがって、船縁《ふなべり》から海面までの距離が小さかった。ましてや、そんな船では、積載可能重量ギリギリまで荷物を積んだりすれば、清少納言が「水際は、ただ一尺ばかりだになきに」と証言するように、船縁から海面までが一尺（三十センチメートル強）もないようなことさえあったのである。清少納言が「つゆ荒うもせば、沈みやせむ（少しでも荒っぽいことをしたら、船が沈むのではないかしら）」と心配したのも、もっともであろう。

しかし、王朝時代の水手（船員）たちは、乗客の貴族女性が抱く不安など一顧だにせず、追加の荷物を船の中に次々と放り込むのであった。彼らは、「水際は、ただ一尺ばかりだになきに」ということに怖じ気付いたりはしなかったのである。なぜなら、水手たちは、櫂《かい》を漕ぐときには、船縁から海の上に張り出すように設けられた足場に立つことになっていたからであった。その足場というのは、清少納言が「端《はし》にて立《た》てる者《もの》こそ、目眩《めく》るる心地《ち》すれ」と証言するように、非常に危険なものである。しかも、これも清少納言が『早緒《はやお》』とつけて、櫓《ろ》とかにすげたるものの、弱げさよ。かれが絶《た》えば、何にかならむ」と証言するように、水手たちの持つ櫂《かい》（「櫓」）は、紛失防止のため、「早緒」と呼ばれる紐によって船と繋がれていたものの、水手たち自身は、命綱を付けていなかったようなのであ

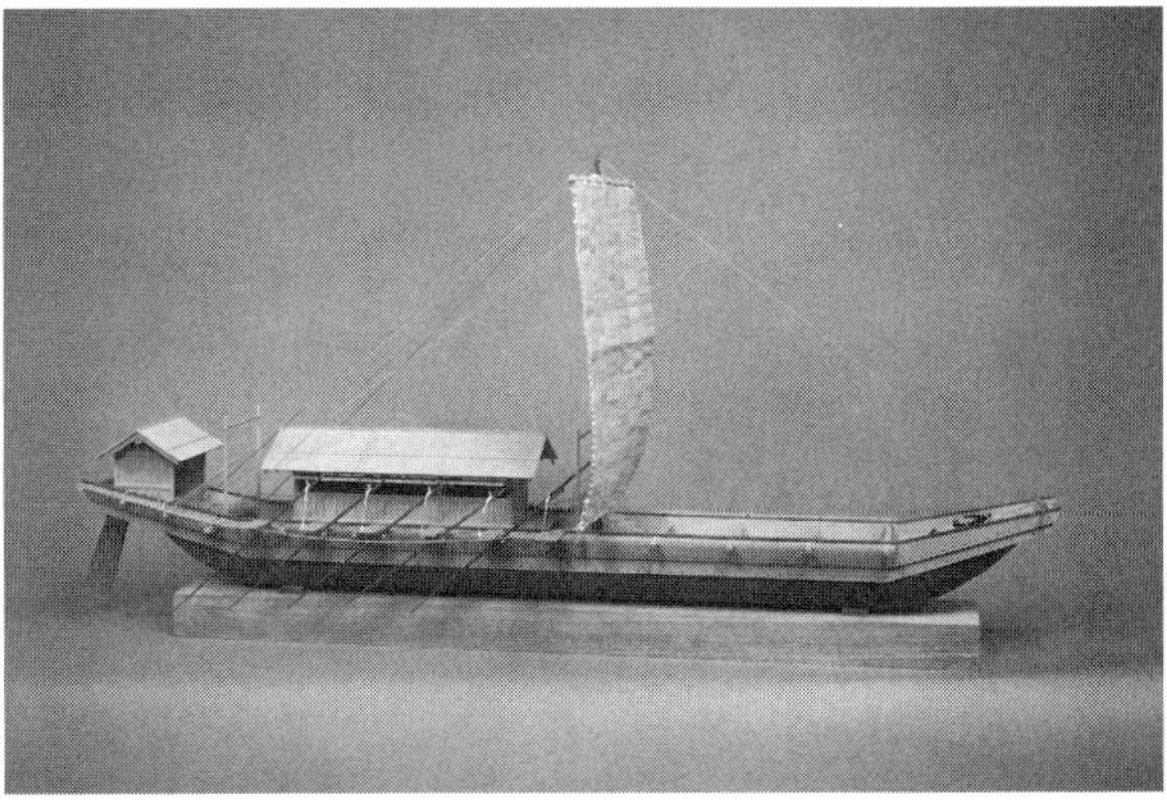

鎌倉時代の海船の再現模型（船の科学館蔵）

る。

いずれにせよ、「水際は、ただ一尺ばかりだになきに（船縁から海面までの距離は、三十センチメートルほどもないのに）」という王朝時代の船は、少し大きな波に見舞われても、少し大きな風に煽られても、容易に沈んでしまったことだろう。そして、実際のところ、佐伯吉永が梶取（船長）を務める二百六十石積の船は、「摂津国武庫郡の小さな港で強い南風に遭っ」たことで、あえなく「海に沈んでしまった」のであった。

海に沈んだ積荷の賠償責任

さて、佐伯吉永が梶取として乗った船には、秋篠寺が美作国に持つ荘園から秋篠寺へと送られる百八十石の米と二十籠の塩とが積まれていたが、当然のことながら、米も、塩も、船とともに水没すれば、本来の価値を失ってしまう。とはいえ、水に濡れた米や塩にも、幾らかの価値はあったため、それらの米・塩とともに吉永の操る船に乗り込んでいた秋篠寺の荘園の使者は、一度は海に沈んだ米や塩を引き上げて、それらを即座に売り払ったのであった。

この使者というのは、おそらくは、秋篠寺が美作国に持つ荘園の荘官であったろう。そして、彼は、今回の輸送の責任者であって、不測の事態が起きたときには輸送途上で米や塩を処分する権限を与えられていたのではないだろうか。だからこそ、この使者は、船が航海の途中の摂津国武庫郡の港で沈んで、運ばれていた米・塩に秋篠寺まで運ぶだけの価値がなくなるや、その米や塩を、おそらくは、かなりの安価で、その場において処分したのであろう。

その後、この使者は、吉永とは別れたようであるから、右の売却益を携えて、独自に秋篠寺に向かったに違いない。彼には、今回の顚末を荘園領主の秋篠寺に報告する義務があったことだろう。もちろん、彼は、濡れてしまった米や塩を安売りした収益を、そのまま秋篠寺に差し出したはずである。

しかし、もしかすると、秋篠寺は、この使者に対して、米・塩の本来の価値と今回の安売りの売却益との差額の弁済を求めたかもしれない。そして、その使者は、美作国のそれなりの豪族の一人であったはずだが、秋篠寺から今回の件で厳しく責任を問われたのだとすれば、そのために家や農地を中心とする私財の多くを手放すことになり、そのまま没落してしまったかもしれない。

一方、船を失うとともに積荷をも失った梶取の佐伯吉永は、このことによって秋篠寺から損害賠償を求められたりはしていないようである。彼と秋篠寺との間では、海難事故による損失について船の側に責任を負わせないという契約があったのかもしれない。そもそも、梶取（船長）とはいっても自身で船を所有しているわけでもない吉永には、米百八十石と塩二十籠との賠償責任を負うことなど、まず不可能であったろう。

既に見たように、塩一籠が米一石六斗から米一石七斗ほどの価値を持っていたとして、今回の航海で吉永が運んでいた荷物の価値は、全て米に置き換えて二百十三石ほどである。これは、王朝時代に単純な肉体労働に従事した庶民男性にとっては、六十年分の日当の合計に近い。われわれ現在人よりも寿命の短かった当時の庶民たちからすれば、これは、生涯獲得賃金を超える額となる。梶取として一回の航海で米四石ほどの収入を得られたらしい吉永にしたところで、米二百十三石は、五十回以上の航海でようやく稼ぎ得る額である。仮に、彼には、月に一回、梶取の立場での航海が可能であったとして、米二百十三石の賠償を果たすには、利息などを計算に入れないとしても、四年半近くもかかる計算となる。

なお、失われた米・塩の総額から考えても、秋篠寺が今回の件で誰も責めなかったとは考えにくい。賠償がなければ、秋篠寺の財政が破綻しかねないからである。そして、もし秋篠寺が誰かに賠償責任を負わせたとすれば、その相手は、やはり、自前の船もなしに梶取を営む庶民の佐伯吉永ではなく、荘園の荘官であり地方豪族でもあった使者であったろう。

船を失った梶取を見舞うさらなる災難

とはいえ、佐伯吉永も、今回の事故に関して、一切の賠償責任を免れたわけではあるまい。他人から借りた船を沈めてしまった彼は、その船に関しての賠償責任は負わねばならなかったことだろう。

吉永が沈めた船の持ち主は、藤原摂関家が備前国に持つ荘園の鹿田荘の荘官を務める渋《しぶ》川幸連《かわのゆきつら》であった。吉永は、「備前国鹿田荘梶取解」の中で幸連を「別当《べっとう》」と呼んでいるが、王朝時代の荘園では、荘官たちは多様な呼び方で呼ばれており、「別当」というのも、荘官を呼ぶ呼び方として一般的なものの一つなのである。したがって、この幸運は、備前国の豪族の一人であり、さらに言えば、現に二百六十石積の大型の船を所有していた如く、かなり豊かな豪族であった。

なお、鹿田荘の荘官を務める渋川幸運に大型の持ち船があったのは、まず第一に、鹿田荘から都の摂関家へと納めるべき米などを運ぶためであったろう。持ち船があれば、都に物資を運ぶにあたって、他人の船を使うための使用料を払わなくて済むのである。しかも、その船が、都に米などを運んだ帰りの航海では、都の洗練された技術で作られた優雅な製品——衣裳・絹織物・扇・箱・食器・太刀・鞍など——を運んだとすれば、それらを備前国の豪族をはじめとする人々に売ることで、大きな富が得られたに違いない。

また、船主は、他人に貸して単に使用料を得るというかたちででも、持ち船を有効に運用することができた。事実、今回の佐伯吉永の航海が無事なものであったとすれば、幸運のもとには、濡れ手に粟という感じで、米十石余りがもたらされたはずであった。もし、そうした航海が年に十回もあれば、それだけで、幸運には米百石以上の利得があったはずである。

このように考えるならば、幸運の船を沈めてしまった吉永は、当然、幸運から厳しく賠償を求められたことだろう。そして、その賠償額は、かなり大きなものになったのではないだろうか。

ちなみに、沈んだ船のその後はというと、「備前国鹿田荘梶取解」によれば、沈んだ地点が摂津国武庫郡の港の浅瀬であったためか、現地の人々によって、好きなように解体されて、その残骸さえ持ち去られてしまったのであった。

こうなった発端は、吉永が水手（船員）として雇った秦米茂《はたのよねしげ》の裏切りにあった。この米茂は、乗っていた船が沈むと、船の中にあった価値のありそうなものを盗み、さっさと逃げてしまったという。しかも、この不届き者は、「高先生《こうせんじょう》」とも「秦押領使《はたおうりょうし》」とも呼ばれていた現地の豪族であり現地の「不善《ふぜん》の輩《やから》」でもある秦某に情報を与えて、沈んだ船をさらに掠奪させたのであった。

米茂の誘いに乗った秦某（「高先生」「秦押領使」）は、略奪行為に臨んで、当然、自身の郎等たちを少なからず引き連れていたことだろう。そして、「備前国鹿田荘梶取解」によると、この秦某の一団は、沈んだ船の掠奪に及ぶだけでなく、その船の梶取である吉永の殺害をも企図したのである。

こうして、摂津国武庫郡の港で船を沈めてしまった梶取の佐伯吉永は、大きな負債を抱えるばかりか、自身の生命さえ危ない状況に追い込まれたのであった。

押領使

この章の最後に、難破した佐伯吉永の船を掠奪した秦某に触れると、彼は、摂津国長渚浜に住む「不善の輩」であったから、現地の豪族であり、かつ、武士であったろう。また、秦某は、世に「秦押領使」と呼ばれるとともに、「高先生」の字《あざな》（通称）を持ってもいたという。

この秦某が「秦押領使」と呼ばれたのは、普通に考えれば、彼が摂津国の押領使の任にあったからのはずである。そして、地方諸国に置かれた押領使は、第六章で触れた追捕使《ついぶし》と全く同じく、それぞれの国の治安担当者であって、これに任命されるのは、現地の豪族たちのうちの優秀な武士であった。

次に読み下し文で引用するのは、文書集の『朝野群載《ちょうやぐんさい》』に収められて今に伝わる寛弘《かんこう》三年（一〇〇六）四月十一日付の淡路国司解《あわじのこくしげ》であり、太政官《だじょうかん》に押領使の任命を請うものである。

淡路国司《あわじのこくし》が文書を差し上げて太政官《だじようかん》の裁定を申し請います。

他の事例に準拠して、太政官符《だじようかんぷ》を発給して正六位上《しようろくいじよう》の高安為正《たかやすのためまさ》を淡路国《あわじのくに》の押領使《おうりようし》に任命していただきたく存じます。

右のことにつきまして、謹んで事情を説明しますに、この淡路国は、四方を海に囲まれていまして、悪人たちが容易に入ってきます。ましてや、世は倫理の廃《すた》れた時代となりましたので、庶民たちもまた道徳に従いはしないのです。ですから、治安を守るための人材が必要となります。つきましては、太政官で検討して、例の為正を押領使の官職に任命して、不測の事態に備えさせてくださるよう、お願い致します。そこで、このような文書を記しまして差し上げる次第です。

寛弘《かんこう》三年四月十一日

ちなみに、王朝時代において、追捕使《ついぶし》が置かれた国には押領使は置かれず、押領使が置かれた国には追捕使は置かれなかった。ということは、やはり、押領使と追捕使とは、その名称が異なるだけで、全く同様の役割を果たす存在だったのだろう。

また、第六章で見たように、追捕使に選ばれたのは、それぞれの国の豪族たちのうち、当時の言葉で「武芸《ぶげい》の輩《やから》」と評されたような、優秀な武士であった。とすれば、押領使に選ばれたのも、それぞれの国において武士として知られる豪族だったはずである。

では、摂津国押領使の秦某は、なぜ、「高先生」という字《あざな》（通称）を持っていたのだろうか。

王朝時代には、皇太子（東宮）の警固にあたった兵員たちは、「帯刀《たちはき》」と呼ばれ、その帯刀たちの長を務める者は、特別に「帯刀長《たちはきのおさ》」あるいは「帯刀先生《たちはきせんじょう》」と呼ばれた。そして、このことから、少なからぬ歴史学者たちが、「高先生」の字（通称）を持つ秦某を、元帯刀長あるいは元帯刀先生と見做そうとする。が、これは、平安時代の「先生《せんじょう》」という言葉が帯刀先生（帯刀長）のみを意味したという思い込みに由来する、かなり的外れな理解である。

実のところ、平安時代の「先生」の語は、本来、何かしらに優れた人を意味する。『新《しん》猿楽記《さるがくき》』が優秀な陰陽師を『陰陽《おんみょう》の先生《せんじょう》』と呼ぶように、また、『今昔物語集《こんじゃくものがたりしゅう》』が算術の逸材を「算《さん》の先生《せんじょう》」と呼ぶようにである。とすれば、秦某の場合、現に押領使に任命されるほどに武芸に優れていたことが、彼に「先生」の字（通称）をもたらしたのではないだろうか。

が、それでも、秦某の字に「高」の一字が入る理由は、なおも不明のままである。

第九章　海賊の常習犯

海賊に濡れ衣を着せられた僧侶

王朝時代の海賊として、誰もがすぐに思い浮かべるのは、やはり、藤原純友《ふじわらのすみとも》であろうか。多くの海賊たちを従えて、瀬戸内海を中心に広く暴れまわった、あの純友である。

ただ、純友が生きたのは、藤原道長《みちなが》・藤原公任《きんとう》には共通の曾祖父にあたる藤原忠平《ただひら》が朝廷を主導した時代であった。しかも、純友の海賊団は、結局、追討使によって討たれたり捕らえられたりしてしまう。それゆえ、われわれ現代人は、清少納言《せいしょうなごん》や紫式部《むらさきしきぶ》や道長や公任が生きた一条《いちじょう》天皇の時代をめぐっては、なかなか海賊の活動を意識しない。

しかし、『枕草子《まくらのそうし》』『源氏物語《げんじものがたり》』が書かれた時代にも、海賊たちの跳梁は続いていた。

次に現代語訳で紹介するのは、「三条家本北山抄裏文書《さんじょうけぼんほくざんしょううらもんじょ》」の一通であり、その差出人が慶勢《きょうせい》という僧侶であることから「僧慶勢解《そうきょうせいげ》」と呼ばれている文書であるが、ここに、一条天皇の時代の長徳《ちようとく》年間（九九五〜九九九）における海賊の活動の一端を見ることができよう。

僧侶の慶勢《きようせい》が文書を差し上げて検非違使別当《けびいしべつとう》藤原公任《きんとう》さまの政所《まんどころ》のご裁定を申し請います。

事実にもとづきまして、海賊の大友忠吉《おおとものただよし》が、取り調べを受けた折、実在しない十二疋《ひき》の絹や十領《りよう》の縫製された衣裳のことを言い出し、それらを慶勢の親類の錦吉正《にしきのよしまさ》のもとに預けてあると自白して、左看督長《ひだりのかどのおさ》の秦常正《はたのつねまさ》に慶勢を取り調べさせることから、助けていただきたく存じます。

右のことにつきまして、慶勢が謹んで事情をご説明致します。去年の十二月頃、例の大友忠吉という海賊は、朝廷の獄舎《ごくしや》に収監されている間、私の親類の錦吉正に激しい怒りを抱き、吉正の親類である慶勢のもとに米《よね》一石《こく》五斗《と》を預けてある旨を、偽証しまして、そのため、私は、身を斬られたり焼かれたりするほどに厳しい取り調べを受けました。

そこで、私は、事実にもとづいて、詳しい事情を文書にしまして、検非違使庁《けびいしちよう》に訴え出ましたところ、検非違使庁では忠吉への尋問が行われまして、忠吉の偽証が明らかになりました。そのため、尋問を担当していた検非違使《けびいし》を兼ねる衛門府生《えもんのふしょう》の飛鳥戸正《あすかべのまさ》兼《かね》が、私が犯罪に関与していない旨の証明書を作ってくれたのです。そして、その文書には、「盗人の大友忠吉たちを尋問したところ、隠してある盗品について、何も自供することはなかった。そのため、慶勢は無関係と見做す」とあります。

そうこうするうち、先月の大赦《たいしゃ》で、大友忠吉が釈放されたのです。が、忠吉は、釈放されてすぐ、またも海賊行為を働いて逮捕されました。そして、忠吉は、尋問された折、なおも錦吉正を恨み続けていて、またしても「多くの盗品を慶勢に預けた」と偽証して、左看督長の秦常正に私を取り調べさせているのです。しかし、私には、どうにもできません。どうすれば、ありもしない盗品を提出することができましょうか。ですから、今の私にとっては、このことこそが、最も悲しく嘆かわしいこととなっているのです。

つきましては、検非違使別当藤原公任さまの政所が裁定を下されて、突然の取り調べを免除してくださって、正しい道理の貴さを教えてくださるよう、よろしくお願い致します。そこで、このような文書を記しまして差し上げる次第です。

長徳《ちょうとく》三年五月五日　　　　　　　僧慶勢《そうきょうせい》

王朝時代の瀬戸内海

天元《てんげん》五年（九八二）というと、一条天皇の父親の円融《えんゆう》天皇の時代であって、藤原道長や清少納言は、まだ十代の若さであり、紫式部に至っては、いまだ十歳にもなっていなかったかもしれない頃である。そして、その天元五年のこと、西日本の海上輸送の大動脈であるはずの瀬戸内海は、海賊たちの跳梁によって、ほとんど機能を失いかけていた。同年二月七日の『小右記《しょうゆうき》』によると、当時、まだ二十六歳の蔵人頭《くろうどのとう》であった藤原実資《さねすけ》が、その日、円融天皇に奏上したのは、凡《およ》そ、次のようなことであった。

この数ヶ月、海賊たちの活動が盛んです。そのため、瀬戸内海沿岸地域の調《ちょう》や庸《よう》を都に運ぶことは難しく、現地の人々はひどく困っています。また、瀬戸内海は封鎖されたようなもので、海上輸送に従事する人々は仕事を失ったような状態です。海賊たちは、鼓を打ち鳴らし、鐘を叩いて、瀬戸内海を往く船に乗る人々を浚《さら》ったり人々の持ち物を奪ったりするのです。あたかも朝廷の威光などないかのようです。

土佐守紀貫之《とさのかみきのつらゆき》がどれほど海賊を怖がっていたかは、『土佐日記《とさにっき》』に詳しいところだが、彼が海賊に怯えながら瀬戸内海を船で旅したのは、承平《じょうへい》五年（九三五）のことである。が、海賊たちを束ねて瀬戸内海を暴れ回った藤原純友が討たれたのは、それからほどなく、天慶《てんぎょう》四年（九四一）のことであった。

そして、高等学校の日本史の教科書の説明などでは、純友の亡き後、瀬戸内海は、海賊に悩まされることのない安全な海になったかの如くである。が、そのような都合のいい史実はなかった。右に引用した蔵人頭藤原実資の奏上に明らかなように、純友が討伐されてから四十年が経っても、なおも、海賊が跳梁跋扈していたというのが、王朝時代の瀬戸内海をめぐる現実だったのである。

もちろん、当時の朝廷も、海賊たちを野放しにしていたわけではない。例えば、右に触れた天元五年にも、海賊追討が行われており、同年二月二十三日の『小右記』には、伊予《いよ》の国《くに》で暴れていた海賊たちのうち、「首《おびと》」とされる能原兼信《よしはらのかねのぶ》とその他の十五人とが追討されたことが見えるのである。『小右記』に言う海賊の「首」とは、要するに、首領のことであるから、このときの討伐では、末端の小物の海賊だけでなく、大物の海賊までが退治されたことになろう。

とはいえ、わずか十六人の海賊が、当時において瀬戸内海を混乱に陥れていた海賊の全てであったはずがない。彼らなどは、瀬戸内海を荒らし回っていた海賊の、ほんのほんの一部に過ぎなかったのではないだろうか。

事実、寛和《かんな》元年（九八五）四月十一日、円融天皇の次代にして一条天皇の先代となる花山《かざん》天皇の時代のこと、『小右記』によれば、検非違使《けびいし》たちが海賊を追討した功で勅禄《ちょくろく》を賜《たまわ》っている。逆説的ながら、ここからは、海賊が瀬戸内海を荒らし続けていたことが知られよう。しかも、この折に拘束された海賊たちについて、『小右記』が「その多くが傷を負わされている」と伝えるから、追討にあたった検非違使たちと手向かう海賊たちとの間には、かなり激しい戦闘があったはずであり、ここからは、当時の海賊たちの凶暴さが窺われる。

かくして、一条天皇の時代に海賊の活動があったのは、全く当たり前のことであった。

貴族社会とつながる海賊

ところで、王朝時代の海賊に関しては、『小右記』に少し気になる記録が見えている。

それは、一条天皇を父親とする後一条《ごいちじょう》天皇の時代の長元《ちょうげん》元年（一〇二八）九月七日の『小右記』の一節であり、現代語に訳して紹介するならば、次の如くとなる。

備前国《びぜんのくに》の人々が、備前守《びぜんのかみ》の善政を讃える申文《もうしぶみ》を朝廷に提出するために上京して、その帰国の途次、淀川を船で下っていたが、その船が大風に遭って転覆してしまい、多くが死んでしまった。そして、この転覆事故の死者の中に、家継《いえつぐ》という者があったが、彼は五位《ごい》の位階を持つ貴族であった。ただし、この家継は、海賊の首領（「海賊《かいぞく》の首《おびと》」）の門継《かどつぐ》の子である。門継は、大物の海賊（「海賊《かいぞく》の長者《ちょうじゃ》」）なのである。しかし、今回、門継の子の家継は、大風に遭って、淀川の底に沈んでしまった。また、このことを、世の人々は誰も憐れまないのである。

これによると、藤原道長が世を去って、その息子の頼通《よりみち》が若き関白《かんぱく》として政権を担っていた時代にも、「海賊の首領」と呼ばれるような大物の海賊が存在していたらしい。右に「海賊の首領」と訳した部分は、漢文の原文では「海賊首」であって、これを読み下すならば、「海賊《かいぞく》の首《おびと》」となり、これをさらに現代語に訳すならば、やはり、「海賊の首領」となろう。そして、その海賊の首領は、氏は不明ながら、名を門継《かどつぐ》という。

また、この海賊の首領の息子の家継《いえつぐ》は、五位《ごい》の位階を持っていて、法律のうえでは文句なしに貴族として扱われる身であった。とすれば、その父親の門継も、下級貴族ほどの身ではあったのかもしれない。

さらに、右の家継は、備前国の人々とともに都に上ったり備前国に下ったりしていたことからして、備前国の住人であったろう。そして、このことを敷衍するならば、その父親の門継も、やはり、備前国の住人であったろうし、また、彼は、備前国を地盤とする大海賊であったろう。どうかすると、下級貴族と思《おぼ》しき門継は、もともとは、備前国の有力な豪族であったりもするのではないだろうか。

ちなみに、最初は伊予国《いよのくに》を地盤として大海賊団の首領となった藤原純友の場合、伊予国の豪族でもなければ、伊予国の出身者でもない。関白忠平《かんぱくただひら》の親類でもあった純友は、もともとは都の貴族社会の人間だったのである。そして、そんな彼が伊予国で海賊団を組織することになった契機は、伊予掾《いよのじょう》として伊予国に下ったことにあった。

それゆえ、氏不詳の門継に関しても、本来は都の下級貴族でありながら、備前国に下向して海賊の首領になったという線を考えるべきかもしれない。もし彼に備前掾《びぜんのじょう》の官歴があれば、彼が備前国に下った契機は、備前掾への任官であったろうが、そのような官歴がなかったとしても、備前守《びぜんのかみ》の郎等《ろうどう》として下向したことなどが考えられよう。

なお、長元元年八月五日の『小右記』によれば、その前年の万寿《まんじゅ》四年（一〇二七）、検非違使が阿波国《あわのくに》の海賊を追討する使命を帯びて都を発《た》っている。とすれば、阿波国にも、門継の率いる備前国の海賊団のような海賊団があって、門継のような下級貴族の身の首領に率いられていたのかもしれない。そして、その海賊団の首領についても、門継についてと同様、現地の有力豪族の出身であることや都の下級貴族の出身であることが考えられるのである。

海の武士

ところで、瀬戸内海の海賊たちの首領となった藤原純友について、『今昔物語集《こんじやくものがたりしゅう》』巻第二十五第二の「藤原純友《ふじわらのすみとも》の海賊《かいぞく》に依《よ》りて誅《ちゅう》せらるる語《こと》」は、次のように語る。「純友《すみとも》、伊《い》予国《よのくに》に有《あ》りて、多《おお》くの猛《たけ》き兵《つわもの》を集《あつ》めて眷属《けんぞく》として、弓箭《きゅうせん》を帯《たい》して船《ふね》に乗《の》りて、常《つね》に海《うみ》に出でて、西《にし》の国々《くにぐに》より上《のぼ》る船《ふね》の物《もの》を移《うつ》し取《と》りて、人《ひと》を殺《ころ》す事《こと》を業《わざ》としけり」。また、同話は、純友の海賊団に襲われた国々が被害報告のために太政官《だじょうかん》へと送った解《げ》の内容を、次のように伝えてもいる。「伊予掾純友《いよのじようすみとも》、悪行《あくぎよう》を宗《むね》とし、盗犯《とうはん》を好《この》みて、船《ふね》に乗《の》りて常《つね》に海《うみ》に有《あ》りて、国々《くにぐに》の往反《おうへん》の船《ふね》の物《もの》を奪《うば》ひ取《と》り人《ひと》を殺《ころ》す」。

海賊が海の強盗であるというのは、おそらく、常識に属することであろう。そして、王朝時代の海賊を代表する存在である藤原純友も、『今昔物語集』の言う通りならば、まさに海の強盗であった。彼は、大勢の配下を引き連れて、瀬戸内海を行き来する船を襲っては、その積荷を奪っていたのである。そして、純友の海賊団は、殺人をも日常茶飯事としていたようなのだが、これは、積荷の強奪を阻もうとする人々を殺したものであろうか。

ここで、一つ、どうにも不思議なのは、『今昔物語集』が純友の悪事として、人々の拉致や誘拐を挙げていないことである。

古今東西、海賊が拉致なり誘拐なりを行うのは、一つには、自分たちの使う奴隷を確保するためであり、二つには、奴隷として売り払うためであって、さらに、三つ目があるとすれば、身代金を取るためであろうか。そして、誘拐であれ、拉致であれ、現に海賊行為に及ぶような賊徒たちにとっては、実入りがいいわりには労苦の少ない、手頃な仕事であったろう。

ところが、藤原純友は、『今昔物語集』の語るところを信じるならば、「船の物を移し取りて、人を殺す」あるいは「船の物を奪ひ取り人を殺す」ことはあっても、人々を誘拐したり拉致したりすることはなかった。また、『今昔物語集』巻第二十四第十九の「播磨国《はりまのくに》の陰陽師《おんみようじ》智徳法師《とくほうし》の語《こと》」に登場する無名の海賊も、「海賊、来たりて、船の物を皆移し取り、数人を殺して去りにけり」と語られるように、誘拐や拉致に手を染めてはいない。もしかすると、王朝時代の海賊は、誘拐や拉致には消極的だったのだろうか。

なお、『今昔物語集』巻第二十四第十九の「播磨国の陰陽師智徳法師の語」においては、「船の主計《ばかり》、下人一両人とぞ海に入りなむどして生きたりける」と語られるように、海賊に襲われた船に乗っていた人々で、海賊に殺されずに済んだのは、自ら海に飛び込んだ者だけであった。とすると、王朝時代の海賊は、船を襲ったとき、誘拐や拉致など考えることなく、視界に入った全ての人々を殺してしまおうとするものだったのかもしれない。

そういう意味では、王朝時代の海賊は、かなり凶暴な賊徒であるとともに、かなり強力な戦士だったことになるが、そんな彼らは、海の強盗であるとともに、海の武士でもあった。『今昔物語集』が藤原純友について「多くの猛き兵を集めて眷属として、弓箭を帯して船に乗りて、常に海に出でて」と語るところを再び検討するならば、純友の率いる海賊たちは、弓矢を携えており、かつ、「猛《たけ》き兵《つわもの》」と見做《みな》されていたのである。王朝貴族たちが武士のことを「武者《むしゃ》」とも「兵《つわもの》」とも呼んでいたというのは、既に第一章で見た通りである。

王朝時代の海賊は、馬ではなく船に乗った武士であり、海の武士であった。

海賊の手口

『今昔物語集』巻第二十八第十五の「豊後《ぶんご》の講師《こうじ》の謀《はか》りて鎮西《ちんぜい》より上《のぼ》る語《こと》」の主人公は、豊後国《ぶんごのくに》の国分寺《こくぶんじ》の講師《こうじ》を務める僧侶であり、この僧侶は、船路で都に上るに際して、著名な武士のふりをすることで、襲ってきた海賊たちを退散させる。したがって、この話に登場する海賊たちは、襲撃に失敗しているわけだが、ここでは、参考までに、同話に描かれた海賊たちの襲撃の手口を見ておきたい。

さて、豊後国《ぶんごのくに》の国分寺の講師《こうじ》を乗せた船は、同国の港を出港すると、順調に途中の国々を通り過ぎていたが、ある海域に入るや、「怪《あや》しき船《ふね》二三艘許《そうばかり》、後前《しりさき》に出《い》で来《き》ぬ」と、二艘《そう》もしくは三艘の不審な船が後方と前方とに出現する。そして、一艘の不審船は、「前《さき》を横様《よこざま》に渡《わた》り」と、前方を横切るようにして、講師の乗る船の進路を塞ぐ。また、このとき、他の不審船は、「後《しり》に有《あ》りて、講師《こうじ》が船《ふね》を衛《かく》みつ」と、講師の乗る船の退路を塞ぐ。これで、講師の乗る船は、不審船に包囲されたことになり、講師と同乗する人々は、「海賊来《かいぞくき》にたり」と言って、ひどくうろたえるのであった。

こうして講師の乗る船の足が止まったところに、海賊たちの船の一艘が近寄る。そして、漕ぎ寄せた海賊たちに向かって、主人公の講師が「何人《なにびと》の此《か》くは寄《よ》り坐《いま》するぞ」と問いかけると、一人の海賊が、こんな口上で応えたのであった。「侘人《わびびと》の、糧《かて》少《すこ》し申《もう》さむが為《ため》に参《まい》りたる也《なり》」。これを現代語に訳すならば、「貧乏人が、食べ物を少しばかり分けていただくために参上したのです」といったところであろうか。

もちろん、この口上は、冗談のようなものである。海賊たちの欲するものが、少しばかりの食べ物などであるはずがない。彼らは、遠慮がちな口上とは裏腹に、狙いを定めた船からは、積荷の一切合財を奪い盗るつもりだったはずである。そして、本来なら、口上の後、大挙して目当ての船に乗り込んで、純友の海賊団がそうしたように、「船の物を奪ひ取り人を殺す」という海賊行為を働いたに違いない。

ただ、このときは、講師の乗る船は、講師が偽《いつわ》って平氏の有力な武士の名告《なの》りを上げたことで、危うく難を逃れた。すなわち、海賊たちは、講師が騙《かた》った武士の武名に怖じ気付いて、「船《ふね》を漕《こ》ぎ次《つ》けて逃《に》げにけり」と、一目散に逃げて去ったのである。海賊たちは、海の武士であるだけに、武士に関する情報には敏感だったのかもしれない。

なお、この折の海賊たちの逃げっぷりについて、『今昔物語集』には、「海賊《かいぞく》の船《ふね》は疾《と》く構《かま》へたる船《ふね》なれば、鳥《とり》の飛《と》ぶが如《ごと》くして去《さ》りぬ」との記述が見え、ここから、海賊たちの船について、速度を重視した特別な造りになっていたことが知られる。

とすると、海賊たちの船は、人や荷物の輸送を目的とする船に比べて、水の抵抗が少ない造りに、すなわち、船底が浅い造りになっていたのではないだろうか。また、逃げる海賊たちは、「船を漕ぎ次けて逃げにけり」というから、海賊たちの船は、帆に風を受けて進むことを前提とした大型や中型の船ではなく、人が櫂《かい》を漕《こ》いで進むことを前提とした小型の船であって、しかも、多くの人が同時に櫂を漕げる細長い船であったろう。

そして、もしかすると、この積載可能重量の小さそうな造りの船にこそ、王朝時代の海賊たちが誘拐や拉致に消極的だった理由があるのかもしれない。

勝載料

王朝時代の瀬戸内海の海賊たちの仕事ぶりは、凡《およ》そ、以上の通りであるが、当時の朝廷が海賊として取り締まったのは、こうした海の武士たちばかりではなかったかもしれない。

次に一部を略して現代語訳で引用するのは、治暦《じりやく》元年（一〇六五）の太政官符《だじようかんぷ》である。

太政官《だじようかん》が越中国《えつちゆうのくに》の国司《こくし》たちに文書にして命令する

二件の雑事について

一つ、以前に出された太政官符の趣旨に従って、…〈中略〉…

一つ、途中の国々の港々《みなとみなと》で、「勝載料《しようさいりよう》」と言って輸送中の調《ちよう》の物品の一部を押収するのをやめなければならない。

近江国《おうみのくに》　塩津《しおつ》　大津《おおつ》　木津《きづ》　若狭国《わかさのくに》　気山津《きやまつ》　越前国《えちぜんのくに》　敦賀津《つるがつ》

右のことは、越中国の今年七月二十四日付の申請書を手にしたところ、「謹んで事情を調べますに、この国は、北陸道《ほくりくどう》の真ん中に位置していて、特に治めることの難しいところです。九月から三月まで、陸地では雪が深くなり、海路では波が高くなるため、どうにか暖かい季節の訪れを待って、調《ちよう》の物品を都に運びます。ところが、右に挙げた幾つかの土地の刀禰《とね》たちが、『勘過料《かんかりよう》』と言って、輸送中の調の物品を拘留して、その一部を押収したうえ、輸送の責任者を意味もなく痛め付けたりして、全く無駄に数日をかけて手続きをするので、越中国から朝廷に届ける調は、無意味に納入期限に間に合わないのです。調を朝廷に届けることが遅れたり滞ったりするのは、偏にこういった事情があるからです。しかも、こうした事実は、ただただ朝廷に届くはずの調の物品の量を減らすばかりでなく、調の物品の納入の遅れを招くことにもなります。つきましては、陛下の恩情をいただき、先例に従い、例の幾つかの土地の勘過料（勝載料）をなくして、途中のどこでも納入期限を守れるようにしてください」とのことである。そこで、右大臣藤原師実《もろざね》が命じる。陛下がおっしゃるには、「申請の通りにせよ」とのことである。それゆえ、該当する国々には既に命じた。

以上、二件の雑事というのは、この通りである。越中国は、この命令を承知して、命じられた通りに実行せよ。この命令書（「符《ふ》」）が到着したならば、実行に移せ。

権左中弁《ごんのさちゆうべん》　源　朝臣《みなもとのあそん》　　　　左大史《さだいし》小槻宿禰《おづきのすくね》

治暦《じりやく》元年（一〇六五）九月一日

日本海の港や琵琶湖の港では、現地の刀禰《とね》たちが、「勝載料《しようさいりよう》」や「勘過料《かんかりよう》」の名目で、入港した船の積荷の一部を押収していた。そして、港の使用料とも海域の通行料とも解釈できる勝載料・勘過料の徴収は、刀禰たちが昔からの慣行としてやっていたことであって、朝廷や国府《こくふ》の施策ではなかった。それゆえ、勝載料・勘過料の押収は、地方から都へと調を運ぶ公用を担う船にまで適用され、ついには、これを禁じる太政官符が出されたのである。

そして、こうした勝載料・勘過料としての船荷の押収は、これを行う刀禰たちにその自覚がないままに、朝廷や国府からは、海賊行為（湖賊行為）と見做されていたのではないだろうか。また、このような海賊行為（湖賊行為）は、日本海の港や琵琶湖の港の刀禰たちのみならず、日本中の港の刀禰たちが、昔ながらの慣習として行っていたのではないだろうか。

検非違使別当の私的な関係者たち

では、本章の冒頭に紹介した「僧慶勢解《そうきょうせいげ》」に海賊の常習犯として登場する大友忠吉《おおとものただよし》は、どのような海賊だったのだろうか。

この忠吉は、朝廷の獄舎《ごくしゃ》に出たり入ったりしていたような輩である。そんな彼であれば、いずこかの刀禰であったということはあるまい。したがって、忠吉の海賊行為は、勝載料なり勘過料なりを徴収するという程度のものではなかっただろう。

とすると、彼は、やはり、いかにも海賊らしい、海の武士としての海賊だったのではないだろうか。すなわち、大友忠吉という海賊についても、弓矢を携えて足の速い船に乗り、多くの荷物を運ぶ船を襲っていたことが想定されるのである。

そして、この想定からすると、忠吉に煩《わずら》わされていた慶勢も、普通の僧侶ではなかったかもしれない。

彼が忠吉の誣告《ぶこく》に煩わされることになったのは、彼の親類の錦吉正《にしきのよしまさ》が獄舎《ごくしゃ》において忠吉をひどく怒らせたためであった。何をしたのかわからないが、海賊を怒らせるとは、吉正もまた、かなり凶悪な犯罪者だったのかもしれない。そして、慶勢は、そんな人物を、つまり、犯罪に手を染めて獄舎に収監されたうえに、収監された獄舎で海賊の常習犯を激しく怒らせるような大胆な悪人を、親類に持っていたのである。

ただ、その一方で、この慶勢は、検非違使《けびいし》別当《べっとう》の藤原公任《きんとう》との間に、私的な関係を持っていたらしい。

というのも、本章の冒頭で全文を紹介した「僧慶勢解」が、その宛て先を、検非違使庁《けびいしちょう》ではなく、検非違使別当藤原公任の政所《まんどころ》にしているからである。「解《げ》」というのは、申請書・請願書の類であり、したがって、何らかの役所を宛て先とすることが普通である。事実、これまでに本書で紹介してきた解は、そのいずれもが、検非違使庁を宛て先としている。ところが、「僧慶勢解」は、藤原公任という個人の家政機関であって私的な組織でしかないはずの政所こそを、その宛て先としているのである。そして、このことは、慶勢という僧侶が、公任に私的な申請や請願をすることができる立場にあったことを意味する。

実は、「三条家本北山抄裏文書《さんじょうけぼんほくざんしょううらもんじょ》」と呼ばれる文書群の中には、検非違使庁という役所ではなく公任の政所という個人の家政機関を宛て先とする解が、もう一通ある。それは、前著『庶民たちの平安京』でも紹介した「雑色錦重任解《ぞうしきにしきのしげとうげ》」であって、この解を公任の政所に宛てて差し出した錦重任は、公任家の雑色《ぞうしき》であった。つまり、公任の政所に宛てた解を書いた重任は、公任の私的な使用人だったのである。しかも、彼は、公任にとって、かなり古参の使用人であった。そして、重任は、「雑色錦重任解」において、自身が古参の使用人であることに触れつつ、獄舎に入れられた弟の釈放を懇願するのである。

もしかすると、慶勢も、僧侶となる以前には、錦重任と同じく、藤原公任家の雑色だったのかもしれない。あるいは、錦吉正を親類とする慶勢の俗名は、錦某であって、錦重任とは親類関係にあったのではないだろうか。そして、公任家のような上級貴族家の雑色には、暴力事件や乱闘事件の常習犯も少なくなかったから、錦吉正についても、公任家の雑色だったことが想定できるかもしれない。

第十章　拘留していた犯罪者を逃がした責任

犯罪者を個人の私宅に預け置く検非違使庁

次に現代語に訳して紹介するのは、「三条家本北山抄裏文書《さんじょうけぼんほくざんしょううらもんじょ》」の一通であり、長保《ちょうほ》元年（九九九）七月十五日付の検非違使《けびいし》別当宣《べっとうせん》の下書きである。

　　案《あん》

検非違使《けびいし》別当殿《べっとうどの》のご命令を承《うけたまわ》るに、別当殿は、「『「犯人《はんにん》」の藤原行時《ふじわらのゆきとき》は、前大和掾《さきのやまとのじょう》□□正忠《まさただ》の家に預けておいた』とのことであった。そこで、正忠に行時の身柄を引き渡させようとしたのであったが、正忠が今月十四日に提出した申文《もうしぶみ》が言うには、『「例の『犯人』の藤原行時は、現在、紀伊国伊都郡《きいのくにいとぐん》にある紀伊国追捕使《きいのくについぶし》の坂上重方《さかのうえのしげかた》の家の垣内《かいと》（敷地内）の北東の隅《すみ》にあって重方の従者の内蔵正木《くらのまさき》が住む小屋で暮らしている」とのことを、今月の九日に内惟光《うちのこれみつ》が伝えてきました』とのことである。ついては、看督長《かどのおさ》を付き添わせて、正忠に例の行時を連行させせよ。もし、行時が連行されないならば、行時の共犯者と見做して、正忠・重方を行時と同様に処罰せよ」との仰せである。

長保《ちょうほ》元年七月十五日　左衛門権少尉安倍信行《さえもんごんのしょうじょうあべののぶゆき》がご命令を承る

検非違使別当《けびいしべっとう》藤原公任《きんとう》の右の命令の前提となっている事態は、現代人の感覚からすれば、不思議なことだらけなのではないだろうか。

まず理解に苦しむのは、「犯人《はんにん》」の藤原行時《ゆきとき》が、獄舎《ごくしゃ》ではなく、検非違使庁《けびいしちょう》でもなく、検非違使とは無関係な一人の下級貴族の私宅に預け置かれていたことである。

右の検非違使別当宣の現代語訳において、「犯人」という言葉には「　」を付けたのは、これが原文でもそのまま使われている言葉だからである。そして、第一章で見たように、「犯人」の語は、王朝時代において、犯罪の実行犯を意味していた。

とすれば、ここで「犯人」と呼ばれている藤原行時は、それなりに危険な人物だったのではないだろうか。わざわざ「犯人（実行犯）」などと呼ばれる行時は、所謂「こそ泥《どろ》」

の類ではあるまい。彼は、軽めに見積っても、傷害事件の実行犯だったはずであり、どうかすると、殺人事件の実行犯だったはずである。

しかし、このとき、検非違使別当藤原公任の指揮下の検非違使たちは、そんな行時を、「前大和掾《さきのやまとのじょう》」の肩書を持つだけの単なる下級貴族に預けて、その下級貴族の私宅において管理させたのであった。

ただ、これは、われわれには奇妙なことであっても、王朝時代の人々には、少しもおかしなことではなかったのだろう。いや、王朝時代の人々だけではない。それは、おそらく、江戸時代までの日本人にとっては、何ら異常なことではなかっただろう。

というのも、それは、「囚人預置《しゅうじんあずけおき》」とも呼ばれて、明治時代以前の日本においては、広く行われた慣習だったからである。例えば、あの赤穂浪士《あこうろうし》たちなども、吉良上野介《きらこうずけのすけ》の屋敷に討ち入って本懐を遂げた後、江戸幕府から犯罪者と見做されていたにもかかわらず、幕府の牢《ろう》に入れられることなく、細川越中守綱利《ほそかわえっちゅうのかみつなとし》・松平隠岐守定直《まつだいらおきのかみさだなお》・毛利甲斐守綱元《もうりかいのかみつなもと》・水野監物忠之《みずのけんもつただゆき》の四人の大名《だいみょう》たちの屋敷に預け置かれている。

平安時代といわず、江戸時代といわず、前近代の日本では、朝廷や幕府などの公権力が犯罪者の身柄を個人の私宅に預けることは、全く当たり前の社会慣行だったのである。

武士の家の垣内

もちろん、この「囚人預置」が行われる場合、犯罪者を預かる者は、預かった犯罪者の管理に万全を尽くさなければならない。それゆえ、預かった犯罪者の自殺を見逃すことも、預かった犯罪者の逃走を許すことも、犯罪者を預かる者にとっては、ひどい失態となった。

が、前大和掾の某姓正忠《まさただ》は、検非違使から預かった「犯人」の藤原行時を、まんまと逃がしてしまう。しかも、長保元年七月十五日付の検非違使別当宣に引用された正忠自身の申文《もうしぶみ》の文面からすると、正忠は、逃げ出した行時が紀伊国追捕使《きいのくにのついぶし》のもとに落ち着くまでの間、行時を完全に見失っていたようなのである。

そして、これが、今回の事件をめぐって理解に苦しむことの二つ目なのだが、逃走した「犯人」の藤原行時は、紀伊国《きいのくに》まで逃げておきながら、なぜか同国の追捕使《ついぶし》である坂上重方《さかのうえのしげかた》のもとに身を寄せたのであった。

第六章で触れたように、追捕使といえば、検非違使と同じく、王朝時代の治安担当者＝警察である。ここで行時のやったことは、われわれ現代人の眼には、東京拘置所から逃げ出すことに成功した容疑者が、せっかく静岡県まで逃げておきながら、わざわざ静岡県警に駆け込んだというのと同じように見えてしまうのではないだろうか。

しかし、当時の行時は、紀伊国追捕使の坂上重方が自分を保護してくれるものと、堅く信じていたのかもしれない。

既に第六章で見たように、国々の治安担当者である追捕使は、現地の豪族たちの中でも特に武士として知られる有力豪族が務めることになっていた。そして、この折に紀伊国の追捕使を務めていたのは、坂上重方であったが、坂上氏といえば、漢の皇帝の末裔を称する有力な渡来系氏族であり、また、あの坂上田村麻呂《たむらまろ》を出したことに象徴されるように、武勇で知られる氏族である。そんな坂上氏に列《つら》なる重方は、それなりに有力な豪族であったろうし、また、少なくとも紀伊国においては他の豪族たちから一目を置かれる武士であったろう。

とすれば、重方の私宅は、第一章に河内国《かわちのくに》の有力豪族として登場した美努兼倫《みぬのかねとも》の私宅のように、その四囲に堀《ほり》と垣《かき》とを廻らせて、そのすぐ外側に門田《かどた》や門畠《かどばた》を備えていたに違いない。また、その家の垣内《かいと》（敷地内）には、家屋や蔵の他に、田や畠もあったことだろう。

しかも、重方の家の垣内の北東の片隅には、重方の従者が暮らせる家屋も置かれていた。そして、重方の従者で例の北東隅の家屋に住んでいた内蔵正木は、おそらく、重方の郎等《ろうどう》であり、その正木をも成員とする武士団が、重方のもとに組織されていたのではないだろうか。

また、重方の私宅は、四方を垣で囲まれるだけでなく、第一章に見た美努公忠《きみただ》の家のように、四方に矢倉《やぐら》を備えていたかもしれない。有力な武士でもある有力豪族の私宅であれば、ある程度は要塞化していてもおかしくはあるまい。

紀伊国追捕使の坂上重方の家が、以上のようなものであったとして、ここに匿《かくま》われる者は、ずいぶん安心だったことだろう。そして、そんな人脈を持つ行時は、彼自身もまた、「有力な」という修飾語が付くか否かはともかく、一人の武士だったのではないだろうか。彼の場合、「不善《ふぜん》の輩《やから》」と呼ばれるようなごろつきの武士であって、そもそも、検非違使の世話になっていたのも、強盗事件でも起こした末のことだろう。

看督長

ともかく、武士であるらしく何らかの事件の「犯人（実行犯）」である藤原行時は、検非違使に捕らえられたものの、預け置かれた前大和掾某姓正忠の家から逃げ出して、紀伊国追捕使の坂上重方のもとに身を寄せたのであった。しかし、行時の潜伏先は、やがて、彼の身柄の確保に責任を負う正忠の知るところとなる。

なお、行時の居場所を正忠に通報した内惟光《うちのこれみつ》については、それ以上の情報はない。が、内《うち》氏は、第八代天皇の孝元《こうげん》天皇を祖とするとも伝えられる万葉時代以前からの名族であるから、紀伊国の豪族になっていても、そうおかしくはあるまい。そして、紀伊国の豪族としての内惟光は、何らかの利権をめぐって、坂上重方と対立する関係にあり、それゆえに、重方の足を引っ張ろうと、重方が犯罪者を匿っていることを密告したのかもしれない。

いずれにせよ、逃亡した行時の所在を把んだ正忠は、検非違使別当藤原公任の命令によって、行時を連行するために紀伊国に向かうことになった。長保元年七月十五日付の検非違使別当宣は、これを命じるものなのである。

そして、その検非違使別当宣は、紀伊国へと赴く大和掾某姓正忠に看督長《かどのおさ》を付き添わせるようにも命じるのだが、ここで検非違使別当の公任が看督長に期待した役割は、正忠の補佐であったろうか、それとも、監視であったろうか。

有力な豪族にして有力な武者でもある坂上重方の家に匿われる行時の身柄の確保という、正忠に課せられた使命は、けっして容易なものではない。そのことからすれば、正忠には、補佐役の一人も必要であったろう。しかし、課せられた使命の困難さからすれば、使命を放り出して逃げ出さないよう、正忠に監視役を付けることも必要であったろう。あるいは、正忠に付き添わされた看督長には、これら両方の役割が期待されていたのかもしれない。

しかし、それほどの大役を任される看督長も、その身分はといえば、ただの庶民であって、貴族ではなかった。看督長という役職は、本来、言ってみれば、朝廷の監獄である獄《ごく》舎《しゃ》の看守《かんしゅ》に過ぎず、庶民が務めるべきものだったのである。

ただ、王朝時代の看督長たちは、朝廷から、過分な働きを求められた。すなわち、彼らは、獄舎の看守を務める傍ら、犯罪捜査や犯人追捕にも駆り出されたのであった。

これは、王朝時代の朝廷が、獄舎に拘禁されている囚人（「獄囚《ごくしゅう》」）の一部を、犯罪捜査や犯人追捕に使いはじめたことに起因する。そこには、現代風には「司法取引」とでも言うべきものがあって、朝廷のために犯罪捜査や犯人追捕を行うことになった獄囚は、罪を赦《ゆる》されて獄舎から出され、世に「放免《ほうめん》」と呼ばれたのであったが、犯罪捜査や犯人追捕の現場において、直接に放免たちを指揮したのは、他ならぬ看督長たちだったのである。

これまでにも幾度か引用した『小右記《しょうゆうき》』は、藤原公任《きんとう》や藤原道長《みちなが》と同じ時代を生きた藤原実資《さねすけ》の日記であるが、長和《ちょうわ》四年（一〇一五）四月五日の『小右記』によれば、獄舎から獄囚《ごくしゅう》（囚人）が脱走したということで、これの追跡にあたったのは、「看督長并《かどのおさなら》びに放免《ほうめん》三人《みたり》」であった。放免たちは、検非違使の指揮のもとに動くことになっていたものの、実際に現場で放免たちを統率・監督したのは、看督長だったのである。そして、そうなったのは、放免たちがもともとは囚人（「獄囚」）であって、看督長たちが本来は看守であったためであろう。

脱獄を許してしまった看督長

「三条家本北山抄裏文書」と同様の文書群に、「九条家本延喜式裏文書《くじょうけぼんえんぎしきうらもんじょ》」と呼ばれる文書群がある。九条家《くじょうけ》というのは、藤原道長の家系が平安時代の終わりから五つに分裂して成立した五摂家《ごせつけ》の一つであり、この家は、道長の曾孫の曾孫にあたる兼実《かねざね》を開祖とする。そして、同家は、不要になった数多の文書の裏面を利用して『延喜式《えんぎしき》』の写本を作り、それを現代に伝えたが、「九条家本延喜式裏文書」というのは、その裏面を九条家伝来の『延喜式』の写本の作成に利用されることで今にまで生き残った二百通近い古文書の総称である。

次に現代語訳で引用する文書は、その「九条家本延喜式裏文書」の一つで、世に「左看督長清原兼時解《ひだりのかどのおさきよはらのかねときげ》」として知られる。これを検非違使庁《けびいしちょう》に提出した看督長の清原兼時《きよはらのかねとき》は、獄囚の脱走を許してしまったことで、処罰されるか否かの瀬戸際に立たされていたらしい。

左看督長《ひだりのかどのおさ》の清原兼時《きよはらのかねとき》が文書を差し上げて検非違使庁《けびいしちょう》の裁定を申し請います。獄囚《ごくしゅう》を逃がしたことによる叱責《しっせき》を免除していただき、本来の職務に励《はげ》ませていただきたく存じます。

右のことにつきまして、兼時が謹んで事情をご説明致します。獄舎《ごくしゃ》の看守《かんしゅ》の任に就いていましたところ、「禁人《きんにん》」の壬生頼平《みぶのよりひら》が、この正月の九日、獄《ごく》を破って急に逃げ出してしまいました。この件のため、私は、脱獄を許した責任を問われまして、期限内に頼平を捕らえようとしました。すると、この四月の二十日、たまたま例の頼平の居所を耳にしたのです。そして、その居場所が都の中であったため、すぐに頼平を捕らえようとしたのです。しかしながら、力及ばず、頼平を捕らえることができませんでした。そして、そうしているうち、頼平が都の外に逃げてしまったため、私は、都の外で頼平を追跡する許可を得ようと、手続きをしたのですが、この手続きに数日がかかってしまったのです。しかし、この五月の十二日に許可が下りまして、私は、その許可書を持って、頼平が潜伏する伊賀国阿拝郡《いがのくにあはいぐん》に下向しました。そして、私が捜索していますと、例の頼平が弓で矢を射かけてきましたので、私は応戦したのですが、すると、同じ月の二十八日、頼平は矢に当たって死んでしまいました。そこで、兼時は、頼平の首を刎《は》ねまして、現地の郡司《ぐんじ》に証明書を出してもらって、頼平の首と郡司の証明書とを検非違使庁に提出したのです。なお、私が頼平を射殺したことにつきましては、目撃者が幾人もおります。例の頼平を追跡するうち、予定外に頼平を射殺してしまいましたものの、頼平の居所を知ったのは、間違いなく期限内のことでした。ですから、どうして、私が脱獄を許したことの責任を問われることがありましょうか。それだけではなく、看督長は、職務上の失敗を許していただけないものでもありません。これについては、確かに先例があるのです。

つきましては、検非違使庁が裁定を下されて、脱獄を許したことによる叱責を免除していただき、本来の職務に励ませていただきまして、生涯に渡って検非違使庁の恩顧の貴さを仰ぎ見ることができますよう、よろしくお願い致します。そこで、このような文書を記しまして差し上げる次第です。

長元《ちょうげん》四年（一〇三一）六月□□□日

左看督長清原兼時《ひだりのかどのおさきよはらのかねとき》

脱獄囚を追って伊賀国に下る看督長

右の清原兼時が「左看督長《ひだりのかどのおさ》」として署名しているのは、彼が看督長を務める獄舎《ごくしゃ》が、左京《さきょう》（東京《ひがしのきょう》）に置かれた獄舎（左獄《ひだりのひとや》）だったからである。

当時、朝廷の獄舎は、左京と右京《うきょう》（西京《にしのきょう》）とに一つずつ置かれていて、それぞれ、「左獄《ひだりのひとや》」「右獄《みぎのひとや》」と呼ばれていた。そして、左獄の看守を務める看督長は、「左看督長《ひだりのかどのおさ》」と呼ばれ、右獄の看守を務める看督長は、「右看督長《みぎのかどのおさ》」と呼ばれていたのであった。

また、「左看督長清原兼時解」の宛て先が検非違使庁であることに明らかなように、王朝時代において、獄舎および看督長は、検非違使庁の管轄下に置かれていた。律令の規定に従うならば、朝廷の獄舎の運営は、刑部省《ぎょうぶしょう》管下の囚獄司《しゅうごくし》という官庁の職務であった。が、平安時代前期に令外官《りょうげのかん》として設置された検非違使は、次第に職域を拡大していく中、王朝時代までに獄舎の運営をも職務とするようになったのである。

そのため、王朝時代において、獄囚が獄舎から逃げ出した場合、その責任を負うべきは、検非違使庁であり、脱獄を許した看督長を処罰するのも、検非違使庁であった。

ただ、「左看督長清原兼時解」に見る限り、脱獄囚の捜索・拘束は、その脱獄に直接の責任を負う看督長が、一人で引き受けなければならなかったらしい。そして、それができない看督長は、処罰を受けることになったようだが、検非違使たちが関わるのは、この処罰だけであった。検非違使たちは、脱獄をめぐっては、高みの見物を決め込んだようなのである。

そういえば、長保元年（九九九）七月十五日付の検非違使別当宣は、前大和掾某姓正忠に預け置かれた「犯人」の藤原行時の捜索・拘束を、正忠に命じるものであったが、この件においても、検非違使たちは動いていない。おそらく、王朝時代の考え方では、行時を逃がしたのは、正忠である以上、正忠こそが、行時を再び捕らえなければならなかったのだろう。何か問題が起きた場合、その問題の発生に直接の責任を負うものこそが、問題を解決しなければならない、というのが、王朝時代の人々の基本的な考え方だったのかもしれない。

とすれば、獄囚を逃がしてしまった看督長が、ほとんど一人で脱獄囚の捜索・拘束にあたらなければならなかったというのも、王朝時代においては、ごくごく当たり前のことだったのだろう。そして、その看督長は、ほぼ孤立無援の中で脱獄囚の回収に失敗したとしても、やはり、厳しく罰せられなければならないのであった。王朝時代の看督長たちが置かれていた立場は、かように、かなり過酷なものだったのである。

さて、このような事情を踏まえるならば、「左看督長清原兼時解」から伝わる兼時の必死さも、十分に理解できよう。壬生頼平《みぶのよりひら》という獄囚の逃亡をめぐって処罰されかねない身であった左看督長の清原兼時は、どうにか頼平の所在を突き止めると、単身で頼平が潜伏する伊賀国阿拝郡《いがのくにあはいぐん》に乗り込み、ついには、弓矢を使った戦闘の末、拘束すべき頼平を殺してしまうのであった。

しかも、必死の追跡劇の中で脱獄囚を殺してしまった清原兼時は、脱獄囚を殺してしまったがゆえに、なおも処罰の可能性に怯えなければならなかった。それゆえ、彼は、脱獄した頼平の首を持ち帰り、かつ、頼平殺害の現場となった伊賀国阿拝郡の郡司《ぐんじ》に頼平の死亡を確認する証明書を発行させ、それらを提出しつつ、検非違使庁に処罰の免除を請うたのである。

看督長たちの労働環境改善要求

次に現代語訳で紹介するのも、「九条家本延喜式裏文書」の一通である。これは、王朝時代の看督長たちが、仕事の忙しさと責任の重さとに関する不満を、ついに検非違使庁にぶつけたものであり、「左看督長紀延正解《ひだりのかどのおさきののぶまさげ》」として知られる。

左看督長《ひだりのかどのおさ》の紀延正《きののぶまさ》たちが文書を差し上げて検非違使庁《けびいしちょう》の裁定を申し請います。

特別に検非違使庁にご裁定いただきまして、先例に則って、獄舎《ごくしゃ》の破損個所を修理していただきまして、服役する獄囚《ごくしゅう》が脱獄したことで当直の看督長《かどのおさ》が叱責されないようにしていただきたく存じます。

右のことにつきまして、延正たちが謹んで事情をご説明致します。例の獄舎は、毎年、修理しますが、穴を板で覆うだけで、壁の建材を交換してはいません。それがもう数十年も続きます。その間、応急修理をしただけの箇所や仮に廻らせた垣などは、全て壊れて朽ちてしまいました。そのため、囚人たちは、隙を窺い、脱獄の計画を立てるのです。しかし、私たち看督長は、看守の当直の日にさえ、昼となく夜となく、検非《けび》違使《いし》さまに呼び出されれば、獄舎を離れねばならず、そのときは、獄囚たちを見張ることができません。特に、先年の台風で例の獄舎はひどく破損したのに、看督長たちが応急修理をしただけなのです。それから十年以上が過ぎましたが、壁の本格的な修理はしていません。それで、獄舎の建材は、ますます朽ちるのです。こうする間、止める手立てもないまま、囚人たちは、四六時中、脱獄を試みます。そして、脱獄があると、当直の看督長は、検非違使さまから叱責されます。申し上げることは、以上の通りです。つきましては、早急に獄舎を修理することで獄舎を完全なものにして囚人たちが脱獄できないようにし、看督長たちが叱責されることをなくしてくださるよう、よろしくお願い致します。この願いを聞き入れてくださるなら、正しい道理の貴さを思い知り、看守の仕事に励むことができるでしょう。そこで、このような文書を記しまして差し上げる次第です。

万寿《まんじゅ》三年（一〇二六）八月二十六日

看督長《かどのおさ》

百済《くだらの》

清原《きよはらの》

佐伯《さえきの》

大原守正《おおはらのもりまさ》

紀《きの》

縣《あがたの》行□《ゆき××》

川《かわの》延□《のぶ××》

伴《ともの》

調使《つきのつかいの》□□
紀《きの》
日下《くさか》部《べの》今《いま××》□
猪《いの》□□
大原《おおはらの》
紀《きの》□□

豊かな庶民としての看督長

右の「左看督長紀延正解」は、言ってみれば、王朝時代の看督長の労働環境改善要求である。そして、ここからは、看督長たちについて、彼らがずいぶんとたいへんな立場に立たされていたことが知られよう。

所管官庁である検非違使庁には獄舎をきちんと修理する気がなく、獄囚たちはぼろぼろの獄舎から脱走し放題だというのに、いざ脱獄があれば、その責任を取らされるのは、他でもない、看督長たちである——これが、王朝時代の看督長たちが置かれていた状況であった。「左看督長紀延正解」は、左看督長を含む十四人の看督長たちの連名で提出されたものであるが、もし、この十四人が、全ての左看督長と全ての右看督長とを合わせた当時の看督長の全員であったとすれば、看督長たちの抱えていた困難は、本当に大きなものだったのだろう。彼らは、日本人が民主主義というものに初めて出会うよりはるか以前に、われわれ現代人が「団体交渉」と呼ぶ手段に訴えなければならないほどに、追い詰められていたのである。

また、仮に、右の十四人の全員が、紀延正と同じ左看督長であったとしても、彼らがひどい困難の中にいたことに変わりはあるまい。左看督長たちは、やはり、今で言う「団体交渉」を行おうとしたのである。そして、その場合、左看督長たちが抱えていた問題は、そのまま、右看督長たちが抱えていた問題でもあったのではないだろうか。

しかし、こうした事実が厳然たる事実として存在する反面、王朝時代の看督長たちは、貧しくなかったどころか、当時の庶民層の中でならば、かなり豊かでさえあったかもしれない。

このように言うのは、王朝時代の看督長には、平安京近郊において「刀禰《とね》」の肩書を持つ者もいたからである。刀禰といえば、それぞれの地域の有力者であり、多くの場合、ある程度の資本を持っていて、田堵《たと》として農業経営を行っているものであった。

そして、左看督長の調仕某《つきのつかいのなにがし》が山城国紀伊郡《やましろのくにきいぐん》の刀禰の一人でもあったことを教えてくれるのは、かつて神田喜一郎氏が個人で所蔵していた古文書の一つで、「山城国紀伊郡司解《やましろのくにきいぐんじげ》」として知られる文書である。長元《ちようげん》六年（一〇三三）に権大納言《ごんのだいなごん》の官職を帯びていたのは、ともに藤原道長の息子である頼宗《よりむね》・能信《よしのぶ》・長家《ながいえ》のいずれかであるが、長元六年三月十日の日付を持つ「山城国紀伊郡司解」は、権大納言の所有する農地を正式に荘園にする手続きのために作られた書類の一つであり、王朝時代の公文書に他ならない。そして、この「山城国紀伊郡司解」の署名欄には、紀伊郡司である上勝某《かみかつのなにがし》の署名とともに、「刀禰《とね》左《ひだりの》督長調仕《かどのおさつきのつかいの》」の署名が見えるのである。

ここで「刀禰」というのは、当然、山城国紀伊郡の刀禰であろうし、「左督長」というのは、やはり、左看督長を書き損じたものであろう。したがって、調仕某は、左看督長であるとともに、紀伊郡の刀禰でもあったことになるだろう。また、そんな調仕某は、刀禰らしく田堵を営んでいたとすれば、当時の庶民たちの中では、かなり豊かであったに違いない。

そして、調仕某が刀禰であったことも、彼がおそらくは田堵として豊かであったことも、彼が看督長であったことの結果なのではないだろうか。過酷な労働環境を強いられていたとはいえ、庶民の身でありながらも、検非違使たちを相手に人脈を作ることのできた看督長は、そうして得た人脈を、当然、個人の利益のためにも使ったことだろう。

第十一章　獄舎に入れられる人々

債務者をも収監する刑務所

王朝時代の刑務所である獄舎《ごくしゃ》は、現代の刑務所よりも、ずっと幅広い役割を持っていた。現代において刑務所に入れられるのは、罪を犯したことが裁判で確定した者だけである。警察に取り調べられている最中の容疑者も、裁判を受けている途中の被告も、刑務所に入れられることはない。容疑者や被告が入るのは、留置場《りゅうちじょう》もしくは拘置所《こうちしょ》である。

しかし、警察の役割も、検察の役割も、裁判所の役割も、検非違使《けびいし》が一手に引き受けていた王朝時代には、当然、留置場・拘置所・刑務所の区別など存在しなかった。そのため、犯罪者として検非違使に捕らえられた者は、すぐに獄舎に入れられて、取り調べの間も、裁判の間も、獄舎で過ごし、裁判で刑が確定すると、そのまま獄舎で服役したのであった。

また、王朝時代の獄舎は、権力者による私的な制裁のために使われることもないではなかった。すなわち、どこかの貴族家で、その家の使用人に大きな過失があったとき、その家の主は、過失のあった使用人を、懲《こ》らしめのために、幾日か獄舎に入れたりしたのである。

当然、こんなことができるのは、検非違使を意のままに使うことができる者だけであって、基本的に、上級貴族たちに限られたことであった。が、確かな事実として、王朝時代には、獄舎が全く私的に利用されたりもしたのであった。

そして、そんな時代には、債務者までもが獄舎に入れられた。この場合、その債務者は、われわれ現代人が考えるような意味での犯罪者ではない。獄舎に入れられる債務者も、われわれからすれば、単に負債を抱えているだけなのである。

とはいえ、やや信じ難い話であろうから、具体的な事例を紹介しよう。

次に「三条家本北山抄裏文書《さんじょうけぼんほくざんしょううらもんじょ》」から現代語に訳して紹介するのは、長保《ちょうほ》元年（九九九）四月五日付の検非違使別当宣《けびいしべっとうせん》の下書きである。が、この別当宣は、これまでの幾つかの章で見てきたものとは、かなり趣を異にする。というのも、これによって検非違使たちに指示されるのが、犯罪者を逮捕することではなく、獄舎に拘禁されている人々を釈放することであるからに他ならない。そして、この別当宣によって幸いにも獄舎から解放されることになったのが、負債のゆえに獄舎に放り込まれた人々なのである。

　案

検非違使《けびいし》別当殿《べっとうどの》がご命令になるに、「僧康寿《そうこうじゅ》・三宅本高《みやけのもとたか》・物部秀信《もののべのひでのぶ》は、負債があるために獄舎に拘禁した者たちである。しかし、三人それぞれに、かなり体調を悪くしているようなので、彼らには、獄舎を出ることを許して、医師《くすし》の治療を受けさせよ」とのことである。

　長保元年四月五日　　左衛門権少尉《さえもんごんのしょうじょう》安倍信行《あべののぶゆき》がご命令を承る

なお、王朝時代においても、けっして債務者の全てが獄舎に入れられたわけではない。当時であっても、獄舎に入れられたのは、よほど悪質な債務者だったはずである。

また、王朝時代の人々の感覚では、なかなか借財を返そうとしないような債務者は、盗人と変わるところがなかったのかもしれない。王朝時代の人々の考えるところ、悪質な債務者＝盗人は、負債＝盗品を返還しない限り、獄舎に拘禁されて然るべきだったのではないだろうか。

獄舎（「平治物語絵巻」、国会図書館蔵）

獄舎の劣悪な環境

　長保元年四月五日付の検非違使別当宣案に登場する康寿《こうじゅ》・三宅本高《みやけのもとたか》・物部秀信《もののべのひでのぶ》の三人は、いずれも、何らかの負債を抱えており、その負債ゆえに獄舎に入れられたのであったが、彼らがどのような負債を抱えていたのかは、別当宣からでは全くわからない。が、現に債務者であるがゆえに獄舎に入れられた彼らは、優良な債務者ではなかったに違いない。

　それにしても、獄舎に入れることは、悪質な債務者に返済を促す方法として、かなり優れていたのではないだろうか。というのも、康寿・本高・秀信の三人が獄舎で体調を崩したことが知られるように、王朝時代の獄舎は、ひどく劣悪な環境にあったらしいからである。
右にも触れた長保元年四月五日付の検非違使別当宣案は、長徳《ちょうとく》二年（九九六）から長保三年（一〇〇一）まで検非違使別当を務めた藤原公任《きんとう》の命令を伝えるものであるが、その公任の前任の検非違使別当は、『小右記《しょうゆうき》』として知られる日記を残した藤原実資《さねすけ》であった。そして、この実資は、検非違使別当在任中、獄舎の環境の劣悪さに、かなり胸を痛めていた。

例えば、長徳二年六月七日の『小右記』によると、この日、検非違使別当の実資は、部下の検非違使たちを派遣して、左獄《ひだりのひとや》と右獄《みぎのひとや》とを視察させているのだが、これは、実資が獄舎の劣悪な環境を承知していたからこその措置であったろう。事実、実資は、視察から戻った検非違使たちからの報告にもとづいて、著しく体調を崩していた十二人の獄囚たちの半数を、ただちに釈放させたのである。

また、その翌日の八日の『小右記』によれば、実資は、前日には衰弱していることを確認しながら釈放できずにいた六人の獄囚たちについても、一条《いちじょう》天皇の勅許《ちょっきょ》を取り付けたうえで、やはり、釈放したのであった。しかも、この日の『小右記』は、遅れて釈放することになった六人に、実資が食べ物を与えたことをも伝えている。そして、このことからすれば、おそらくは、先に釈放された六人も、ただ釈放されただけでなく、実資から食べ物を与えられていたことだろう。

さらに、長徳二年六月十日の『小右記』は、実資が賭博《とばく》の罪で服役することになったばかりの二人の獄囚をも釈放したことを伝える。これは、獄舎の環境が二人の健康を損ねる前に手を打ったということなのかもしれない。

そして、長徳二年六月十三日の『小右記』によれば、実資は、私費によって左京の獄舎（左獄）の門の前に井戸を掘らせている。それは、もともとの左獄の井戸は涸《か》れてしまっていたのか、その数年前から、獄囚たちが満足に水を飲むこともできずにいたためであった。同日の『小右記』には、原漢文を読み下し文にして、「渇《かわ》きて死《し》ぬる囚衆《しゅうしゅう》は実《まこと》に哀《あわ》れに憐《あわ》れなるべし」との記述も見えており、実資が井戸を掘らせる以前の左獄には、水を飲むことができないがゆえに生命を落とす囚人（「囚衆」）もいたかのようである。

このように、藤原実資は、獄舎の環境が劣悪であることを把握したうえで、その改善に努めた検非違使別当であったが、その実資と非常に親しい間柄にあった公任も、実資の後任の検非違使別当となったとき、やはり、獄舎の環境には気を配ったことだろう。とはいえ、現に債務のゆえに獄舎に入れられた康寿・三宅本高・物部秀信の三人が体調を崩したように、獄舎というのは、どうしても、居心地のいいところではなかったようである。

盗人たちの記録

次に原漢文を読み下し文にして引用するのは、長徳二年（九九六）十二月十七日の日付を持つ「左右獄囚贓物勘文《さゆうごくしゅうぞうもつかんもん》」とでも呼ぶべき古文書の一部である。

左《ひだり》十一人
大春日兼平《おおかすがのかねひら》年五十、山城国《やましろのくに》の人　強盗
贓物《ぞうもつ》七種《くさ》　銭《ぜに》七百三十文に直《あ》つ
弓《ゆみ》一張《はり》三十文《もん》に直《あ》つ　胡簶《やなぐい》一腰《こし》五十文に直つ　贓布《ぞうふ》六反《たん》四丈《じょう》に准《なずら》ふ　流《る》
麦《むぎ》五斗《と》二百五十文に直つ　麻布《あさぬの》二反《たん》百五十文に直つ　抜手綿《ぬきでわた》一領《りょう》三十文に直つ　手作布《てづくりぬの》三丈《じょう》五尺《しゃく》二百五十文に直つ
用紙《ようし》五十帖《じょう》五十文に直つ
岩松《いわまつ》年三十八、讃岐国《さぬきのくに》の人　強盗
贓物四種　銭四貫《かん》二百文に直つ　贓布廿二反二丈に准ふ十四反《たん》　流《る》
絹《きぬ》二疋《ひき》四貫文《かんもん》に直つ　菊色単衣《きくいろのひとえ》一領五十文に直つ　白単衣《しろのひとえ》一領五十文に直つ　麦二斗百文に直つ

清原延平《きよはらののぶひら》年廿五、山城国の人　強盗

贓物二種　銭五貫二百文に直つ　贓布三十一反三丈六尺四寸に准ふ十反　流

白布帯《しろのぬののおび》一腰五十文に直つ　銀銚子《しろがねのちょうし》一口《くち》二貫《かん》二百文《ひゃくもん》に直つ

藤井国成《ふじいのくになり》年三十七、大和国《やまとのくに》の人　強盗

贓物三種　銭七貫五百文に直つ　贓布六十反一丈三尺三寸に准ふ十四反《たん》三丈《じょう》　流《る》

銀造太刀《しろがねづくりのたち》一腰五貫文《かんもん》に直つ　馬《うま》一疋《ぴき》一貫五百文に直つ　米《よね》一石《こく》一貫文に直つ

田辺延正《たなべののぶまさ》年三十、左京《さきょう》の人　強盗

贓物漆種《しちくさ》　銭七十六貫三百文に直つ　贓布六百十三反二丈に准ふ十四反三丈　流

絹百三十七疋三十七貫文に直つ　綾《あや》七疋《ひき》廿八貫文に直つ　直垂《ひたたれ》一領《りょう》三貫文に直つ

褂《うちき》十一領《りょう》五貫五百文に直つ　胡籙《やなぐい》三腰《こし》・箭《や》一貫五百文に直つ　黒作太刀《くろづくりのたち》一腰五百文に直つ

手作布《てづくりぬの》二反《たん》八百文に直つ

伯耆諸吉《ほうきのもろよし》年廿七、大和国の人　強盗〈贓物以下を省略〉

津守秋方《つもりのときかた》年三十、山城国の人　強盗

贓物一種　釜《かま》一口《くち》銭百文に直つ　贓布四丈二尺三寸に准ふ　徒《ず》四年

能登観童丸《のとのかんどうまる》年三十、山城国の人　窃盗

贓物一種　　銭十貫文に直つ　　贓布八十反一丈五尺に准ふ五十反　流《る》を加役《かやく》す

銀　仏《しろがねのほとけ》一体《たい》

大神福童丸《おおみわのふくわらわまる》年々、々々々々　窃盗

贓物四種　　銭十五貫七百文に直つ　　贓布百廿五反五尺に准ふ　流《る》を加役す

白袿《しろのうちき》一領七百文に直つ　蒔絵櫛筥《まきえのくしばこ》二合《ごう》十貫文に直つ　紫檀念珠《したんのねんじゅ》一連《れん》三貫文に直つ

綿《わた》二屯《とん》三百文に直つ

菅野並重《すがののなみしげ》年々、々々　強盗　贓《ぞう》の露験《ろけん》す

贓物参種《さんくさ》　銭十二貫五百文に直つ　　贓布百九十反三丈に准ふ

馬二疋二貫文に直つ　銀造太刀《しろがねづくりのたち》一腰《こし》十貫文に直つ　胡簶《やなぐい》一腰《こし》五百文に直つ

紀重春《きのしげはる》年々、々々　強盗　贓の露験す

贓物一種　　銭二貫文に直つ　　贓布十六反三尺に准ふ十四反三丈　流《る》

絹二疋

左獄の人々

右に部分的に引用した長徳二年（九九六）十二月十七日付の「左右獄囚贓物勘文」（仮

称）は、簡単に言えば、罪状が確定して右の日付で左右の獄舎の正規の囚人となった者たちの一覧表である。これは、源高明《みなもとのたかあきら》によって編纂された『西宮記《さいきゅうき》』という有職故実書の写本の一つに、なぜか書き写されて後世に伝えられた検非違使関係の文書群の一通であり、この貴重な史料が今に残ったのは、全く偶然のことであった。

この長徳二年十二月十七日付で正規の獄囚となった者たちの一覧表としての「左右獄囚贓物勘文」は、ただただ新規の服役囚たちの氏名を一覧できるだけではなく、彼らの年齢・本貫地（出身地）・詳細な罪状をも一覧できるという、かなりの優れものである。ただし、右には、「左右獄囚贓物勘文」の左獄に関する部分だけを引用したので、ここから得られる情報は、新たに左獄の囚人となった者たちに関するものに限られる。

さて、「左右獄囚贓物勘文」によると、長徳二年十二月十七日に新たに左獄の囚人となった十一人は、九人が強盗犯であり、二人だけが窃盗犯であった。これは、王朝時代には、「不善《ふぜん》の輩《やから》」と呼ばれる犯罪予備軍の武士たちが、どこにでも幾らでもいたことと無関係ではない。彼ら武士たちにしてみれば、窃盗よりも、強盗の方が、ずっと手軽な犯罪であったろう。

そして、武士と思《おぼ》しき強盗犯の九人について確認すると、最年長は五十歳であり、最年少は二十五歳であって、平均年齢は三十三歳となる。もちろん、これは、数え年での話であるから、われわれの感覚で理解するなら、一歳ずつを差し引く必要がある。

それでも、現在より平均寿命が短い王朝時代には、数え年の四十歳で老人として扱われたのであって、そのことをも考慮するならば、強盗は、当時、大人の犯罪だったのだろう。つまり、王朝時代の強盗は、若者が遊ぶ金のために手を染めるような犯罪ではなかったのである。当時の強盗には、もう若くはない身で食い詰めた武士が、背に腹は代えられないとの思いの中、本当の本当にやむなく手を出す犯罪としての側面があったように思われる。

また、九人の強盗犯たちの本貫地（出身地）を見ると、順に、山城国《やましろのくに》・讃岐国《さぬきのくに》・山城国《やましろのくに》・大和国《やまとのくに》・左京《さきょう》・大和国・山城国・山城国・山城国であって、彼らの過半数が、平安京郊外の山城国の出身である。この他、一人が平安京の左京の出身であり、二人が大和国の出身であって、都を遠く離れた地から上京して犯罪に手を染めた者は、讃岐国の出身者が一人いるに過ぎない。ついでに言えば、窃盗犯の二人も、山城国の出身である。

平安京の左右の獄舎に収監されるのは、多くの場合、平安京内か平安京の近郊かで事件を起こして検非違使に捕縛された犯罪者であった。とすれば、王朝時代においては、遠い地方から上京して犯罪者になる者は、やや珍しかったのかもしれない。

芥川龍之介の『羅生門』の主人公は、もとは都の貴族家の使用人か何かであったものが、解雇を言い渡されて、やむなく強盗を働くことを決心するわけだが、これは、現実の王朝時代の都で強盗を働いた武士たちの抱えていた事情に近いかもしれない。また、芥川の描くにわか強盗のモデルとなった『今昔物語集《こんじゃくものがたりしゅう》』巻第二十九第十八の「羅城門《らじょうもん》の上層《うわこし》に登《のぼ》りて死人《しにん》を見《み》る盗人《ぬすびと》の語《こと》」の主人公は、「摂津国辺《せっつのくにわた》りより盗《ぬす》みせむがために京《きょう》に上《のぼ》りける男《おのこ》」であるが、これもまた、王朝時代の武士たちの現実の一つだったのではないだろうか。

犯罪者たちの稼ぎ

ところで、王朝時代の強盗犯あるいは窃盗犯には、どれほどの稼ぎがあったのだろうか。長徳二年（九九六）十二月十七日付の「左右獄囚贓物勘文」は、こうしたことを知ろうとする際にも、重要な手がかりとなる。この文書は、それぞれの犯罪者が盗んだ物品を列挙するとともに、それらの物品の時価を銭で表しており、なおかつ、その合計額までをも記しているのである。

そして、「左右獄囚贓物勘文」に見える左獄の囚人たちの中で最も多額の盗みを働いたのは、強盗犯の田辺延正《たなべののぶまさ》で、その盗品の合計額は、銭《ぜに》にして七十六貫《かん》三百文《もん》にもなる。銭一貫は、銭千文であるから、銭七十六貫三百文は、銭七万六千三百文である。また、他ならぬ「左右獄囚贓物勘文」が、強盗犯の藤井国成《ふじいのくになり》の盗んだ米《よね》一石《こく》の価値を、銭一貫と見積っていることからすれば、銭七十六貫三百文は、米七十六石三斗《と》と等価ということになる。

王朝時代には、特別な技術を持たない庶民の成人男性が単純な肉体労働に従事した場合、その日当は米一升《しょう》であり、一年が三百六十日であった当時、件の庶民男性が一日も休むことなく働き続けたとすれば、彼の年収は米三石六斗となる。そして、これが、王朝時代の庶民男性たちの平均的な年収であったとすれば、銭七十六貫三百文＝米七十六石三斗は、当時の平均的な庶民男性の二十一年分余りの稼ぎである。また、朝廷の官職を帯びる下級貴族が朝廷から与えられる俸給は、米に換算して年に二十七石というところであったから、延正の強盗による稼ぎは、官職を持つ下級貴族の三年分の俸給に近いものであった。

この延正が右に見たほどの荒稼ぎに成功したのは、おそらく、豊かな貴族の家にばかり押し入ったからであろう。彼が盗んだものは、一疋《ぴき》で銭四貫文にもなる綾《あや》（高級絹織物）や一領で銭三貫文にもなる直垂《ひたたれ》をはじめとして、高級品ばかりである。そして、こうした高級品が普通に置かれている家といえば、やはり、上級貴族の家や受領国司《ずりょうこくし》を務めた中級貴族の家など、豊かな貴族の家であったろう。

長徳二年十二月十七日に新たに左獄の囚人となった犯罪者たちで、田辺延正に次いで稼ぎが大きいのは、窃盗犯の大神福童丸《おおみわのふくわらわまる》である。といっても、彼が窃盗によって稼いだ銭十五貫七百文は、田辺延正の稼ぎの五分の一ほどにしかならず、ここからも、延正の稼ぎの大きさが尋常ならざるものであったことが実感できるというものであろう。

しかし、第一位の延正に大きく水をあけられたとはいえ、第二位の福童丸の十五貫七百文という稼ぎも、生半可なものではない。銭十五貫七百文＝米十五石七斗は、普通の庶民男性にしてみれば、四年分以上の稼ぎに相当するのである。しかも、福童丸の場合、強盗犯としてではなく、窃盗犯として、これだけ稼いだのであるから、その点もまた、特筆されるべきかもしれない。

また、この福童丸にしても、その荒稼ぎの秘訣は、やはり、上級貴族あるいは受領国司を務めた中級貴族といった、豊かな貴族の家を狙ったことにあるのだろう。それ一つで銭三貫文にもなる紫檀《したん》の数珠《じゅず》といい、二つ合わせて銭十貫文にもなる蒔絵《まきえ》の櫛筥《くしばこ》といい、彼が盗み出したものには、かなりの高級品が含まれているのであり、この点から、彼が盗みに入った家の格や経済状況が窺《うかが》い知れようというものである。

盗人たちの王朝時代

豊かな貴族の家を狙って高級品を盗み出すというのは、王朝時代において、気の利いた犯罪者たちにとっては、当たり前の考え方だったのだろうか。件の「左右獄囚贓物勘文」に左獄の囚人として見える面々のうち、銭一貫を超える盗みを働いた者は、皆、何かしら高級品を盗んでいるのである。

強盗犯として合わせて銭十二貫五百文分を盗んだ菅野並重《すがののなみしげ》は、一腰《こし》で銭十貫文にもなる銀造太刀《しろがねづくりのたち》を盗んでいるが、銀造太刀のような贅沢品を持っていたのは、かなり豊かな貴族家であろう。そして、同じく強盗犯として一腰で銭五貫文の価値を持つ銀造太刀を盗んだ藤井国成《ふじいのくになり》も、やはり、豊かな貴族家に押し入ったに違いない。彼は、銀造太刀の他、一頭《とう》で銭一貫五百文もする馬をも盗んだが、これも、豊かな貴族の持ち物であろう。

また、全部で銭五貫二百文に相当する盗みを働いた強盗犯の清原延平《きよはらののぶひら》は、一つで銭二貫二百文の銀銚子《しろがねのちょうし》を盗んでおり、全部で銭四貫二百文に相当する盗みを働いた強盗犯の岩松《いわまつ》も、一疋で銭二貫文の絹織物を二疋も盗んでいるが、この二人が押し入った先についても、豊かな貴族家であったことが想像される。やはり、王朝時代の強盗犯あるいは窃盗犯で、要領よく多額の盗みを働く者は、豊かな貴族の家から高級品を盗むことを心がけていたのである。

さらに、「左右獄囚贓物勘文」に見る限り、要領のいい強盗犯や窃盗犯が好んで盗んだのは、高級品は高級品でも、あるいは、各種の絹織物のように軽いものであり、あるいは、太刀や銚子のようにかさばらないものであった。銭十二貫五百文分を盗んだ菅野並重などは、銭一貫相当の馬を盗んでおり、重くてかさばるものを盗んだかのようであるが、馬の場合、それに乗って逃げることもできるので、盗品としては、重いものでもなければ、かさばるものでもなかったのではないだろうか。

しかし、窃盗犯として銭十貫文もの盗みを働いた能登観童丸《のとのかんどうまる》が盗んだものは、軽くもなければ、かさばらなくもない。彼が盗んだのは、それ一つで銭十貫文と見積られる銀製の仏像であり、どうにも、軽そうにも思えなければ、かさばらなそうにも思えないのである。こんなものを盗んだ観童丸は、王朝時代の高額窃盗犯としては、かなりの変わり種であったろう。

なお、変わり種といえば、右の能登観童丸は、そもそも、王朝時代の成人男性として、ずいぶんな変わり種である。三十歳にもなって「観童丸」などと名告《なの》っている彼は、おそらく、頭髪を長く伸ばしており、頭には烏帽子《えぼし》などの被り物をしていなかったことだろう。

そして、そんな彼は、年齢に関係なく、きちんと元服《げんぷく》していなかったはずである。王朝時代の男性は、元服する折に、初めて長く垂らしていた頭髪を少し短くして「髻《もとどり》」と呼ばれる髷《まげ》を作り、初めて冠《かん》なり烏帽子なりを被ったのであり、初めて「観童丸」のような童名を「道長」「公任」「実資」のような大人の名前に代えたのであった。

そして、王朝時代において、元服せずに童の姿のままでいる成人男性は、普通、牛飼童《うしかいわらわ》か僧侶の従者の童子《どうじ》かであった。とすると、能登観童丸は、いずこかの僧侶に仕える童子であったにもかかわらず、主人である僧侶のもとから銀製の仏を持ち出したことで、犯罪者になってしまったのかもしれない。あるいは、紫檀の数珠を盗んだ大神福童丸なども、観童丸と同じく、もとは僧侶の従者だったのだろうか。

平安京郊外の暮らし

なお、どうにも要領の悪い犯罪者の話をするならば、件の「左右獄囚贓物勘文」に見える犯罪者たちのうちでは、大春日兼平《おおかすがのかねひら》と津守秋方《つもりのときかた》とに注目するべきだろう。

大春日兼平は、長徳二年（九九六）の時点で五十歳にもなっており、同年十二月十七日に左獄の囚人となった犯罪者たちのうちでは、最年長者であった。しかし、この兼平は、強盗までやっておきながら、銭にして七百三十文ほどしか稼げなかったのである。

そして、彼の稼ぎの悪さの原因は、明らかに、押し入る先を間違えたことにあった。

彼が盗んだものを見ると、銭三十文にしかならない弓《ゆみ》や銭五十文にしかならない胡簶《やなぐい》をはじめ、安物ばかりであって、いずれも上級貴族や受領国司を務めた中級貴族の持ち物とは思えない。これらの持ち主は、せいぜい、受領国司を務める機会に恵まれることなく、どうにか暮らしているというような中級貴族であり、最も妥当なところで、一般的な下級貴族である。また、兼平が五斗《と》の麦を盗んでいることにも注目すべきであろう。そう、兼平が押し入った家の住人たちは、米を食べることができずに、麦を食べていたようなのである。

兼平がはじめから稼ぎにならないところに押し入ったことは、疑うべくもない。

ただ、一つ気になるのは、兼平の盗んだものの中に、五十枚もの紙が含まれていることである。その紙は、一枚あたり銭一文にしかならないものであって、けっして高級品ではない。が、この紙でも、十枚あれば米一升《しょう》と等価となり、それは、一般的な庶民男性には一日分の労働の対価を意味する。それゆえ、五十枚もの紙は、米を食べられずに麦を食べていたような家には、かなり不似合いなのである。

あるいは、兼平が押し入った家は、学者の家であったのかもしれない。日本の朝廷は、少なくとも中国の歴代王朝ほどには学者を大切にしなかったため、王朝時代の学者たちの多くは、下級貴族の地位に甘んじ、けっして豊かではない生活の中にあった。が、学者である以上、彼らには、紙は必需品だったはずである。兼平が盗んだ五十枚の紙も、学者として生きる下級貴族が食費を削ってまで入手したものであったかもしれない。

しかし、こんな下手な強盗を働いただけに、その五十歳という年齢ともあいまって、大春日兼平については、よほど窮乏していたのであろうことが想像される。山城国出身と記録される彼は、犯罪に走る以前、平安京の郊外において、どのように暮らしていたのだろうか。

なお、兼平と同じ山城国の出身で、やはり下手な強盗を働いたのが、津守秋方である。そして、もしかすると、平安京郊外における暮らしの苦しさがより深刻だったのは、むしろ、この秋方の方かもしれない。

その津守秋方は、三十歳にして強盗犯となったわけだが、彼が盗んだものはといえば、銭百文相当の釜《かま》だけであった。強盗までして、彼が得たものは、一口《くち》の釜だけだったのである。王朝時代においても、これほど間抜けな強盗は、そうはいなかったことだろう。

だが、これもまた、秋方の生活がそれだけ窮乏していたことの結果なのではないだろうか。あまりの貧しさに思い余って強盗を働くことを決めたものの、その貧しさのゆえに何の準備もできなかった秋方は、誰でも容易に押し入れそうなところに押し入ってみたのであろう。そして、誰でも容易に押し入れそうな家は、豊かな家であるはずがなかったのである。

第十二章　大和守の郎等を殺した「凶党」

殺される早米使

既に第四章に見たように、王朝時代の受領《ずりょう》（受領国司《ずりょうこくし》）たちは、その最も重要な職務である課税や徴税の実施を、自身の私的な従者である郎等《ろうどう》たちに任せていた。そして、受領は、徴税や課税のために各地に派遣する郎等たちのそれぞれに、「〇〇使《××し》」という肩書を与えた。

したがって、長保《ちょうほ》元年（九九九）、「早米使《はやまいし》」の肩書を有して大和国城下郡《やまとのくにしきのしもぐん》に滞在していた藤原良信《ふじわらのよしのぶ》については、その時期に大和守《やまとのかみ》の任にあった源孝道《みなもとのたかみち》の郎等と見て間違いない。ここに「早米使」と言われるのは、すなわち、早期に収穫される米を税として徴収する業務の責任者であって、良信は、孝道の郎等であったがゆえに、大和守としての孝道から城下郡東郷《ひがしごう》の「早米使」の任を与えられて、大和国府《やまとのこくふ》から城下郡へと出向いていたのである。

そして、そんな良信が城下郡において殺害されることになったのは、まず間違いなく、彼が早米使を務める大和守の郎等であったがためのことであろう。

本書の最後に紹介する「三条家本北山抄裏文書《さんじょうけぼんほくざんしょううらもんじょ》」は、長保元年八月二十七日の日付を持つ、大和国府から太政官《だじょうかん》への報告書でも申請書でもあるような公文書（「解《げ》」）であるが、これは、大和国府が良信殺害事件に対処するうえで不可欠な文書であった。なお、この文書は、かなり長文であるため、まずは、その前半部分だけを、現代語に訳して引用する。


大和国司《やまとのくにづかさ》が文書を差し上げて太政官《だじょうかん》の裁定を申し請います。

大和国《やまとのくに》管下の城下郡東郷《しきのしもぐんひがしごう》の早米使《はやまいし》である藤原良信《ふじわらのよしのぶ》を殺害し、かつ、その持ち物を奪った「犯人《はんにん》」たちについて、調査し、ご報告します。

一つ、四人の「犯人」たちを捕らえて引き渡します。

　秦清正《はたのきよまさ》　丈部有光《はせつかべのありみつ》　僧寿蓮《そうじゅれん》　橘美柿丸《たちばなのうまがきまる》
一つ、文書四通を作成してお渡しします。

一通は、城下郡司《しきのしもぐんじ》および刀禰《とね》などの証言を記したものです。

一通は、殺された藤原良信の従者の阿閇安高《あへのやすたか》の証言を記したものです。

一通は、「犯人」の秦清正・丈部有光・僧寿蓮・橘美柿丸などの供述調書です。

一通は、「犯人」の丈部有光など四人が罪状を認めたうえで書いた始末書です。

一つ、逃亡した十七人の「犯人」たちの一覧です。

橘正友《まさとも》　桑原則正《くわはらののりまさ》　秦時信《ときのぶ》　藤原本延《もとのぶ》　氏不明の「三吉先生《みよしせんじょう》」
文春正《ふみのはるただ》の息子の一雄《いちお》丸《まる》　藤井春木《ふじいのはるき》　有助王《ありすけおう》　中臣有時《なかとみのありとき》　伴春友《とものはるとも》
中臣吉扶《よしすけ》　文行光《ゆきみつ》　僧祈《そうき》勢《せい》の息子の菊男《きくお》丸《まる》　飛鳥戸今吉《あすかべのいまよし》　佐《さ》井吉本法師《いのよしもとほうし》　秦春国《はるくに》

右のことにつきまして、大和国《やまとのくに》管下の城下郡《しきのしもぐん》の報告書（「解《げ》」）によると、城下郡司《しきのしもぐんじ》は、「城下郡東郷《しきのしもぐんひがしごう》の早米使《はやまいし》である藤原良信《よしのぶ》が、八月十八日、文春正《はるただ》たちによって殺された」とのことを、同二十一日、その概略を記録して大和国府《やまとのこくふ》に報告したのでした。そこで、大和守《やまとのかみ》の源《みなもとの》孝道《たかみち》は、「この事件の容疑者を捕らえて取り調べよ」という太政官符《だじょうかんぷ》に従って、八月二十二日、大和国の介《すけ》・掾《じょう》・目《さかん》や大和国追捕《やまとのくにのついぶ》使《し》などを指揮して、事件現場に赴き、捜査を行いましたところ、間違いなく殺人事件でした。そして、都合よく例の「犯人」たちを捕らえることができましたので、彼らを取り調べましたところ、彼らは、罪を認めざるを得ず、謹んで始末書を提出したのでした。

二十一人の「犯人」たち

大和国の国府は、秦清正《はたのきよまさ》・丈部有光《はせつかべのありみつ》・僧寿蓮《そうじゅれん》・橘美柿丸《たちばなのうまがきまる》の四人を、「犯人《はんにん》」＝実行犯として拘束するとともに、さらに、橘正友《まさとも》・桑原則正《くわはらののりまさ》・秦時信《ときのぶ》・藤原本延《もとのぶ》・「三吉先生《みよしせんじょう》」・文一雄丸《ふみのいちおまる》・藤井春木《ふじいのはるき》・有助王《ありすけおう》・橘利松《としまつ》・中臣有時《なかとみのありとき》・伴春友《とものはるとも》・中臣吉扶《よしすけ》・文行光《ゆきみつ》・某姓菊男《きくお》丸《まる》・飛鳥戸今吉《あすかべのいまよし》・佐井吉本法師《さいのよしもとほうし》・秦春国《はるくに》の十七人をも、「犯人」＝実行犯として特定する。

この素早い動きをめぐっては、大和守源孝道指揮下の当時の大和国国府を賞讃したいところだが、しかし、それにしても、幸いにと言うべきか一人が殺されただけの殺人事件にしては、実行犯（「犯人」）が二十一人というのは、事件の規模が大き過ぎはしないだろうか。いったい、この二十一人は、藤原良信一人を、どうやって殺したのだろうか。

ちなみに、第一章に見た前淡路掾美努兼倫《さきのあわじのじょうみぬのかねとも》殺害未遂事件の場合、その実行犯の数は、四十人近くにもなった。事件の夜、被害者の美努兼倫は、十五騎もしくは十六騎の「馬兵《うまのつわもの》」と二十人余りの「歩兵《かちのつわもの》」とによって、就寝中の住居を四方から取り囲まれたのである。そして、自宅から引き摺り出された兼倫は、家族や従者とともに縛り上げられ、ついに殺されるというところで、大勢の人々が駆け付けたために難を逃れたのであった。

この前淡路掾美努兼倫殺害未遂事件を参考にするならば、藤原良信殺害事件の場合にも、その「犯人」＝実行犯たちは、深夜を選んで、まずは、二十一人という大人数で良信の滞在する家屋を取り囲んだのではないだろうか。そして、彼らは、そのうえで、家屋から引き摺り出した良信を、悠々と殺害したのかもしれない。

大和国司解によれば、二十一人の「犯人」たちは、ただ良信を殺しただけではなく、彼の持ち物を奪いもしたようであり、また、事件が起きたとき、良信の従者の阿閇安高《あへのやすたか》も、その場に居合わせたようである。そして、この二つの事実は、良信が兼倫と同じようなかたちで襲撃されたのかもしれないという推測と矛盾しない。いや、むしろ、右の二つの事実は、推測の傍証になりはしないだろうか。もし、良信が白昼に屋外で殺されたのであれば、目撃者も多く、「犯人」たちには、良信の持ち物を物色している余裕はなかったであろうし、また、当然、良信の側でも必死で抵抗したはずで、彼の従者である安高などは、その抵抗の最中に巻き添えで殺されていたであろう。

こうして、藤原良信殺害事件を美努兼倫殺害未遂事件と重ねてみると、その「犯人」＝実行犯が二十一人もいたことにも、無理がなくなるわけだが、そうすると、さらに、その二十一人の「犯人」たちは、美努兼倫殺害未遂事件の実行犯たちと同様の手合いであったかもしれない。

河内国若江郡《かわちのくにわかえぐん》で起きた美努兼倫殺害未遂事件の実行犯は、武士でもある現地豪族と彼が集めた「不善の輩《ふぜんのやから》」とである。ここに言う「不善の輩」というのは、簡単に言えば、犯罪歴を持つ武士たちであったから、美努兼倫殺害未遂事件の実行犯たちについては、強盗団のような武士団として理解するのが妥当である。そして、大和国司解に見る限り、藤原良信殺害事件の二十一人の「犯人」たちも、まさしく、これと同様の存在であった。

つまり、藤原良信殺害事件は、大和国城下郡の強盗団のような武士団が起こした事件だったのである。

荘園がもたらす問題

自身の私的な従者である郎等が被害者であったためか、大和守源孝道は、藤原良信殺害事件について、かなり徹底した調査を行い、しっかり「犯人」の一部も拘束している。もちろん、実際に動いたのは、城下郡現地の郡司たちや刀禰たちであったろうが、彼らが捜査や逮捕に精を出さざるを得なかったのは、やはり、孝道の圧力があったからこそであろう。

そして、大和守主導の捜査が明らかにしたところ、今回の事件は、大和国には有力な荘園が幾つも存在していたことと、かなり深く関係していた。例えば、紫式部《むらさきしきぶ》の夫として知られる藤原宣孝《のぶたか》は、中級貴族としては有力な人物であったが、その彼が大和国に持っていた荘園の荘官《しょうかん》（「預《あずかり》」）の文春正《ふみのはるただ》こそが、良信殺害の首謀者だったのである。また、殺害の「犯人」＝実行犯の武士たちも、それぞれに有力な僧侶の荘園に出入りする身であった。

　このあたりのことは、次に現代語訳で引用する大和国司解の後半部に詳しい。

　そもそも、問題の殺人事件が起きた背景には、右衛門権佐《うえもんごんのすけ》と山城守《やましろのかみ》とを兼ねる藤原宣《のぶ》孝殿《たかどの》の領地の通称「田中荘《たなかしょう》」の預《あずかり》（荘官）を務める文春正《ふみのはるただ》の企みがあったとはいえ、しかし、しっかりと調べてみますと、「前法隆寺別当《さきのほうりゅうじべっとう》の仁偕大法師《にんかいだいほうし》の領地の通称『丹《たん》波荘《ばしょう》』と興福寺《こうふくじ》僧《そう》の明空法師《みょうくうほうし》の領地の通称『紀《き》伊殿荘《いどのしょう》』とを合わせた、全部で三つの荘園に関わりを持つ数十人の『凶党《きょうとう》』が、共謀して良信の殺害を実行したのであった」ということでした。その詳細については、提出した供述調書などをご覧ください。

この事件の「犯人《はんにん》」たちは、ある者たちは、重罪を犯して以前に獄舎《ごくしゃ》に入れられたものの、大赦《たいしゃ》によって無罪放免となった連中で、ある者たちは、騒動を起こすのが好きで、行政を妨げたり納税を拒否したりするうえ、大和国内で強盗・窃盗・放火・殺人などの犯罪に手を染める者どもで、いずれも、それぞれが関係する荘園の領主の権威を振りかざしつつ、ここ数年、例の三つの荘園に住み着いているのですとか。そして、この連中の不善ぶりは、徐々にひどくなっていき、ついには国使《こくし》を殺害するまでになったのでしょうか。今、事件の容疑者たちの捜索を開始するにあたって、実行犯と見られる例の十七人の共犯者たちは、ある者は、都に紛れ込んでいて、ある者は、興福寺《こうふくじ》の周辺に潜伏しているのですとか。そこで、謹んで事情を調べますに、凶悪な者というのは、自身の犯罪に手を染めたことを後悔することもなく、それどころか、逃走するに際して、気の向くままにさらなる悪事を働くもののようです。つきましては、太政官《だじょうかん》で検討して、宣旨を下して、もし今回の事件の容疑者で都に紛れ込んだ者があれば、検非違使に命じて逮捕させ、もし今回の事件の容疑者で興福寺の周辺に潜伏する者があれば、例の荘園の領主である仁偕《にんかい》・明空《みょうくう》に捕らえさせて、将来に渡って悪人どもがいなくなるようにして、法治国家の厳格さを思い知らせてくださるよう、お願い致します。そこで、このような文書を記しまして差し上げる次第です。

長保《ちょうほ》元年八月二十七日　　　　　　　　正六位上行少目葛木宿禰《しょうろくいじょうぎょうしょうさかんかつらぎのすくね》

大学頭《だいがくのかみ》兼守《けんかみ》従五位上《じゆごいじよう》源《みなもとの》朝臣《あそん》〈花押〉
従五位《じゆごい》下《げ》行介《ぎようすけ》橘《たちばなの》朝臣《あそん》
正六位上行権大掾《ごんのだいじよう》石山宿禰《いしやまのすくね》
正六位上行少掾《しようじよう》宗岳朝臣《むねおかのあそん》
正六位上行権少掾《ごんのしようじよう》置始連《おきそめのむらじ》

大和国の「凶党」

さて、大和国司が太政官に報告するには、長保元年当時の大和国には、かねてより、数十人規模の無法者の武士たちが住み着いていていたらしい。大和国司は、その武士たちを「凶党」と呼んでいたが、この「凶党」の凶悪さは、藤原良信殺害事件が起きたことに明らかであろう。良信殺害の二十一人の「犯人」＝実行犯たちはもちろん、彼らに良信を殺させた文春正も、「凶党」と呼ばれる無法な武士たちの一員だったのである。

また、大和国司解によれば、藤原良信殺害事件の「犯人」＝実行犯であって、大和国の「凶党」の一部である例の二十一人は、かねてより、強盗・窃盗・放火・殺人などの常習犯であった。そして、おそらく、凶悪犯罪の常習者であったというのは、全部で数十人にもなるという例の「凶党」の全員に当てはまることなのではないだろうか。

とすれば、大和国の「凶党」は、要するに、強盗団のような武士団であったろう。

しかし、そのような凶悪犯罪を繰り返す強盗団なり武士団なりなど、大和国の国府や都の検非違使庁《けびいしちょう》が放置しておくはずがない。そして、実際、例の二十一人の「犯人」たちの中には、逮捕されて都の獄舎に収監されていた者も見られた。国府も、検非違使も、それなりの対応をしていたのである。

ただ、彼らが獄舎にいる期間は、けっして長いものとはならなかった。なぜなら、大和国の「凶党」の面々に限らず、当時の犯罪者は、捕らえられて獄舎に収監されたとしても、朝廷の恩赦によって、かなり容易に無罪放免となり得たからである。第一章でも触れたように、長保年間に先立つ長徳《ちょうとく》年間などは、特に恩赦が乱発された時期であった。

また、例の大和国司解によると、そもそも、この「凶党」の面々には、大和国の国府に追われた場合であれ、都の検非違使に追われた場合であれ、そこに逃げ込みさえすれば身の安全が保障されるという逃げ込み先があった。そう、有力者を領主とする荘園である。

大和国司解は、そのような荘園として、三つの荘園を名指しする。すなわち、右衛門権佐と山城守とを兼ねる藤原宣孝を領主とする田中荘・前法隆寺別当の仁偕大法師を領主とする丹波荘・興福寺僧の明空法師を領主とする紀伊殿荘である。大和国司解が言うには、「凶党」の面々は、この三つの荘園のいずれかの関係者であった。

ちなみに、田中荘であれ、丹波荘であれ、紀伊殿荘であれ、なぜ、有力な荘園が、強盗・窃盗・放火・殺人などの常習犯にして「凶党」と呼ばれるような無法者の集団などに庇護を与えるのかというと、それは、やはり、荘園の側にも利点があるからであろう。

ここで注目したいのが、藤原良信殺害事件の「犯人」たちが日頃から「行政を妨げたり納税を拒否したり」という行為に及んでいたという、大和国司解の証言である。右の行為は、大和国府から見れば、違法行為でしかないだろうが、例の「犯人」たちを含む「凶党」を保護していた荘園からすれば、荘園の利権を守るための防衛行動だったのではないだろうか。

王朝時代の荘園は、常に、課税・徴税をめぐって国府と争っていた。また、当時の地方では、紛争が起きれば、必ず暴力沙汰が起きた。それゆえ、当時の荘園には、暴力の担い手としての武士の確保が欠かせなかった。とすると、例の「凶党」を抱え込んでいた荘園にとっては、その「凶党」こそが、荘園の利権を守るための武士団であったに違いない。

大和国の有力な荘園

そうして、国府が「凶党」と呼ぶ無法者の武士たちを、自衛の武士団として抱え込んでいた、大和国の荘園についてであるが、前法隆寺別当《さきのほうりゆうじべつとう》の仁偕大法師《にんかいだいほうし》を領主とする丹波荘《たんばしよう》と興福寺《こうふくじ》僧《そう》の明空法師《みようくうほうし》を領主とする紀伊殿荘《きいどのしよう》とは、間違いなく、有力な荘園であったろう。

ただし、この場合の「有力な」というのは、必ずしも規模の大きさを意味しない。むしろ、ここで重要なのは、国府にとっての手の出しにくさであって、その利権が国府によって容易に侵害されないような荘園こそが、「有力な荘園」なのである。

そして、法隆寺の僧侶や興福寺の僧侶を領主とする丹波荘や紀伊殿荘は、まさに、国府もそう簡単には手を出せない、かなり「有力な荘園」であった。というのは、法隆寺といい、興福寺といい、大和国の古刹《こさつ》であり、朝廷の庇護の厚い有力寺院だったからに他ならない。

例えば、丹波荘なり紀伊殿荘なりが勝手に公有の農地を荘園の一部として取り込んでいたとして、その本来は公有農地である農地について、大和国府が当たり前の課税・徴税をしようとすると、領主である仁偕なり明空なりは、ただちに法隆寺なり興福寺なりに助力を求め、すると、法隆寺なり興福寺なりは、これまたただちに、朝廷に訴え出るだろう。しかも、法隆寺なり興福寺なりは、自身の側の違法性は完全に棚の奥の方に上げてしまったうえで、あれこれと国府の行為の違法性を捏造《ねつぞう》するに違いない。

こうなると、大和国府の長である大和守は、かなり面倒な立場に立たされることになる。相手は、朝廷の尊崇の篤い大寺院であり、必ずしも正当な理屈が通るとも限らない。殊に興福寺の場合、摂関家《せっかんけ》を含む藤原氏の氏寺《うじでら》でもあって、その朝廷に対する発言力・影響力には、並々ならぬものがある。どうかすれば、大和守の側が、寺院に対する不法行為の責任を問われて、更迭されることにもなりかねない。

また、藤原宣孝を領主とする田中荘《たなかしょう》も、大和守の源孝道にとっては、厄介な相手であった。

もちろん、この荘園の領主である藤原宣孝は、紫式部と結婚したことに明らかなように、中級貴族層の一人に過ぎず、特別な権力を持っているわけではない。その当時、山城守《やましろのかみ》の任にあった宣孝は、大和守の孝道にとって、言ってみれば、全く同格の存在であった。

しかし、本当に厄介なのは、その同格である点である。すなわち、大和国に宣孝の荘園があったように、宣孝が受領国司を務める山城国に孝道を領主とする荘園があったとしたら、孝道は、大和国の宣孝の荘園の利権を侵害するようなことができるだろうか。あるいは、孝道が山城国には荘園を持っていなかったとしても、この先、宣孝がどこの受領国司になるとも知れず、また、孝道がどこの国に荘園を持つことになるとも知れないのである。

それゆえ、藤原宣孝の田中荘もまた、間違いなく、有力な荘園の一つであった。

かくして、右に見たような意味合いで「有力な」とされる大和国の三つの荘園が、大和国府への対抗手段として抱えていた武士団こそが、大和国司解において「凶党」と呼ばれる集団の正体であったとすれば、この「凶党」が大和国で跳梁跋扈《ちようりようばつこ》したのも、当然のことであったろう。また、この中から出た藤原良信殺害事件の二十一人の「犯人」たちも、その大半は、国府に捕らえられることがなかったが、それもまた、彼らを庇護する有力な荘園の存在があればこそであった。

「城下郡東郷の早米使」殺害の経緯

さて、ここまでのことが判明すれば、大和守の郎等であって「城下郡東郷の早米使」であった藤原良信が、大和国城下郡の「凶党」＝同郡の三つの有力な荘園が抱える武士団によって殺された事情も、自ずと明白となろう。

殺された良信が大和守の源孝道より与えられた任務は、城下郡東郷において、「早米《はやまい》」という名目の税を徴収することであった。そして、おそらく、丹波荘・紀伊殿荘・田中荘の三つの荘園は、良信が管轄とする城下郡東郷にあったのだろう。となると、良信の徴税は、件の荘園にも及びかねないわけだが、そうなれば、彼が三つの荘園から敵視されるのは、当然のことであった。

もちろん、先に触れたような事情から、良信の主である大和守源孝道には、有力な荘園の利権を積極的に侵害するつもりはなかったかもしれない。それゆえ、三つの荘園は、本来、「早米使」による徴税の対象外であったかもしれない。が、仮にそうであったとしても、「早米使」として現地に派遣された良信が、私腹を肥やすべく、独断で三つの荘園からも徴税しようとしたということは、十分にあり得るだろう。第四章に見た如く、受領国司の郎等には、なかなかの資産家がいたが、彼らが富を築くとすれば、こういう機会を利用してのことだったのである。

あるいは、問題の三つの荘園も、かねてよりの先例に従って、はじめから「城下郡東郷の早米使」による徴税の対象であったかもしれない。その場合、「城下郡東郷の早米使」である良信も、ただ規定通りの徴税を行っただけであれば、荘園の側から強く敵視されることはなかっただろう。だが、もし、彼が私腹を肥やそうと、規定を超えた徴税を行っていたとしたら、話は別である。または、彼が、受領国司の威光を振りかざして、荘園に対して不当に過剰な接待を要求していたとしたら、当然、不穏な空気が生まれたであろう。

いずれにせよ、「城下郡東郷の早米使」として現地に入った藤原良信は、その現地において、三つの荘園との間に軋轢《あつれき》を生じさせたに違いない。そして、その結果として、彼が生命を落とす事件が起きてしまったのではないだろうか。

なお、件の大和国司解は、藤原良信殺害事件をめぐって、まずは実行犯である「犯人」に関する情報を詳細に提示するが、しかし、この解を詳細に読むならば、二十一人の「犯人」たちは、まさに実行犯に過ぎず、この中には主犯はいないようである。そして、良信が殺されたことを最初に大和国府に通報したものとして大和国司解に引用される城下郡の郡司が書いた解に、「城下郡東郷の早米使である藤原良信が、八月十八日、文春正たちによって殺された」と見えるように、この事件の主犯は、文春正という人物であった。

この文春正について、大和国司解は、一貫して「犯人」＝実行犯として扱うことをしていない。とすれば、彼は、具体的な殺害の行為には、全く関わっていなかったのかもしれない。そして、それにもかかわらず、城下郡の郡司によって「藤原良信が、八月十八日、文春正たちによって殺された」と名指しされる春正は、自らは手を汚さない首謀者だったのだろう。彼は、目的を達成するために二十一人もの「犯人」たちを操った、黒幕のような存在だったわけである。

「凶党」の構造

かくして、藤原良信殺害事件の主犯は、文春正という人物であった。しかも、彼は、主犯でありながら、自身は動くことなく、大和国府によって「凶党」と見做された武士団の武士たちを動かして、目的を達成したのであった。

そして、この事実からすると、大和国府が「凶党」と見做した数十人規模の武士団の棟梁は、この春正だったのではないだろうか。

大和国司解によれば、文春正は、藤原宣孝の荘園である田中荘の「預」であった。ここに言う「預」とは、要するに、荘官のことである。王朝時代には、荘官の名称は、「下司《げし》」「公文《くもん》」「預」など、荘園ごとにまちまちであったが、田中荘では、「預」という呼称が採用されていたのである。

とすれば、この春正は、大和国城下郡の有力豪族であったことになろう。彼と田中荘との関係がどのようなものであったのかは、今となってはわからない。もしかすると、田中荘は、元来、春正の一族が、地方豪族の立場で保有していた領地であって、それが寄進によって都の貴族である藤原宣孝の領地となったときに、春正の家系が荘官（「預」）を世襲する権利を確保したのかもしれない。あるいは、田中荘は、本来、春正とは全く関係のない荘園であって、その領主の藤原宣孝が、春正の一族に荘官（「預」）を任せることを決めただけなのかもしれない。

しかし、いずれにせよ、現に田中荘の荘官を務めている文春正は、間違いなく、同荘のあった大和国城下郡東郷の有力豪族であったろう。文氏《ふみ》は、奈良時代よりはるか昔から朝廷を支えてきた渡来系の名族であるから、その文氏から大和国の豪族が出るのは、実に自然なことである。

そして、そうした古い歴史を持つ豪族であれば、春正が自身の武士団を持っていたとしても、これまた、実に自然なことであろう。ましてや、経緯はともかく、荘園の運営に責任を負う荘官を務めるとなれば、春正にとって、武士団の存在は、不可欠であったろう。

ただ、国府からは「凶党」呼ばわりされる件《くだん》の武士団は、藤原宣孝の田中荘とだけでなく、前法隆寺別当仁偕の丹波荘や興福寺僧明空の紀伊殿荘とも関係を持っていた。問題の武士団は、三つの荘園にまたがって基盤を持っていたようなのである。そのことは、大和国司解に、はっきりとした証言が見えよう。

となると、例の武士団は、実は、さらに小さい三つの武士団の寄り集まったものであったのかもしれない。三つの荘園のそれぞれに武士団があって、その三つの武士団が、同盟関係のもと、より大きな一つの武士団のように見えていたのかもしれないのである。その場合、文春正は、三つの小さな武士団のうち、田中荘を基盤とするものの棟梁だったことになる。

あるいは、より大胆に想像してみるならば、田中荘の荘官の文春正は、確かに田中荘の荘官でありながら、その近隣に位置した丹波荘および紀伊殿荘の荘官でもあったのかもしれない。そして、その春正が、「凶党」とも呼ばれた例の武士団の棟梁であったのだとすれば、ごく自然なこととして、三つの荘園を基盤とする一つの武士団が成り立つことになるのではないだろうか。

終章　地方で作られる王朝時代

地方から見る王朝時代

本書において、「三条家本北山抄裏文書《さんじょうけぼんほくざんしょううらもんじょ》」と呼ばれる一群の古文書の公文書を手がかりとして見てきたのは、主に、平安時代中期の王朝時代の地方の様子である。そして、ここまでに見てきたところによれば、当時の地方は、殺人・強盗・放火といった凶悪な事件が頻発する、何とも危険な世界であった。

平安時代の地方がけっして安全ではなかったというのは、高等学校の日本史の教科書にも載っていることである。王朝時代＝平安時代中期の初め、東国では平将門《たいらのまさかど》の乱が起きたことも、西国では藤原純友《ふじわらのすみとも》の乱が起きたことも、日本史の教科書は、かなり大きく取り上げていよう。また、教科書によっては、将門の乱から九十年ほど後、平忠常《ただつね》（千葉忠常）によって東国が再び戦乱に見舞われたことも、それなりに大きく取り上げている。さらに、西国でも、忠常の乱に先立って、異国の大規模な軍勢が九州北部を荒らし回っており、これも、「刀伊《とい》の入寇《にゆうこう》」として、教科書で取り上げられていたりする。

しかし、王朝時代の地方においては、「乱」だの「入寇」だのと呼ばれるほど大きなものの他にも、血なまぐさいものを含む、似たような事件が、頻りに起きていた。それらの多くは、国家を揺るがすほどのものではない。したがって、そうした事件は、教科書で取り上げられることもなければ、歴史年表に載せられることもない。しかしながら、それらもまた、確かに、当時の地域社会にはそれなりの動揺を与えるものではあったはずである。

王朝時代の地方といっても、箱根の山を越えた坂東の地まで行く必要はなく、また、船を出して瀬戸内海まで行く必要もなく、都からそう遠くない地域においてさえ、危険な事件は多発していた。都のある山城国《やましろのくに》は、都から最も近い地方ということになるが、その山城国においてまで、生命にかかわるような事件が、絶えず起きていたのであった。

再び鎌倉武士たちの曾祖父の曾祖父たち

王朝時代の地方において事件を起こすのは、多くの場合、現地の豪族か現地に住み着いた下級貴族かであった。この時代の地方豪族たちや下級貴族たちなど、日本史の教科書には、まず登場することがない。教科書の中の王朝時代は、基本的に平安京の中だけであり、藤原道長《みちなが》や藤原頼通《よりみち》といった上級貴族たちだけの世界なのである。

しかし、王朝時代の歴史は、都の上級貴族たちによってのみ作られたわけではない。当時においては、地方豪族たちや下級貴族たちも、地方での暮らしの中で、確かに、歴史を作っていたのである。しかも、地方豪族たちや下級貴族たちが地方において作った歴史は、都の上級貴族たちの作る歴史とは、かなり異なるものであった。

そして、本書においては、まさに、地方豪族たちや下級貴族たちが地方において作った、彼らに独特の歴史の幾らかを、「三条家本北山抄裏文書」の文書群に導かれながら、垣間見てきたわけだが、この垣間見は、必ずや有意義なものであるはずである。仮に王朝時代を「貴族の世」と位置付けるとしても、この時代を動かした貴族は、上級貴族だけではなかったからである。王朝時代には、武士（武者《むしゃ》／兵《つわもの》）として生きた下級貴族や地方豪族によっても、時代が動かされていたのであった。

なお、日本史の教科書が説くところでは、「貴族の世」の次には、「武者の世」＝武士の時代がはじまるのだが、実のところ、「貴族の世」と言われる王朝時代にあって、密かに「武者の世」＝武士の時代の準備を進めていたのが、地方に暮らす下級貴族たちや地方豪族たちであった。そして、彼らは、鎌倉時代の多くの無名の武士たちの曾祖父の曾祖父くらいにあたる存在だったのである。

あとがき

先年の刊行になる『下級貴族たちの王朝時代』は、主に都で暮らす下級貴族たちをめぐって、実に多様な人生を送っていたことを紹介した一冊でした。これに対して、本書は、結果として、王朝時代の地方に暮らす下級貴族たちが、どのように生きたかを描き出す一冊となったように思います。また、本書では、多くの下級貴族を輩出した地方豪族についても、その生き方の大筋が、それなりに明らかになっているのではないでしょうか。

こうしたことから、本書の刊行によって、私の王朝時代の下級貴族についての研究には、ひとまずの終止符を打つことができそうです。そして、私は、この一冊に、かなり満足しています。

私の著作として最も世に知られているのは、おそらく、もう十五年も前に初版が出た『殴り合う貴族たち』でしょう。この小著で取り上げたのは、王朝時代の上級貴族たちの人生でして、特に、その芳しくない一面でした。そして、同書を出して以来、私は、それぞれの社会階層ごとに、王朝時代の人々の生き方を見つめてきました。『天皇たちの孤独』では主に天皇たちの人生を、『御曹司たちの王朝時代』『かぐや姫の結婚』では再び上級貴族たちの人生を、『王朝貴族の悪だくみ』『紫式部の父親たち』では中級貴族たちの人生を、先述の『下級貴族たちの王朝時代』では下級貴族たちの人生を、そして、『庶民たちの平安京』では庶民たちの人生を、というようにです。

ここに、今回、地方の下級貴族たちや地方豪族たちの生き方を概観する本書が加わります。すると、私の王朝時代研究は、全ての社会階層を包み込んだことになるのではないでしょうか。そして、天皇から上中下の貴族を挟んで庶民まで、ここまで広く目配りをした王朝時代研究は、なかなか他にはないように思います。

ただ、もう一つ、ある種の社会階層として、私が研究し忘れている人々がいるとすれば、それは、僧侶たちです。尼僧も含む僧侶たちが、王朝時代という時代の重要な構成要素であったことは、誰もが認めるところでしょう。であれば、やはり、僧侶たちを十分に扱っていない王朝時代研究は、どうしても、未完成の研究と見做さざるを得ません。

私が次に向かう先は、もう決まっています。私は、これから、『お坊さんたちの王朝時代』あるいは『お坊さんたちの平安京』といった表題を掲げて、王朝時代の僧侶たちや尼僧たちの人生の解明に取り組まなければならないのです。

二〇二〇年九月十七日

繁田信一

繁田信一（しげた しんいち）

1968年、東京生まれ。東北大学大学院文学研究科博士課程後期単位取得退学。現在、神奈川大学日本常民文化研究所特別研究員。東海大学非常勤講師。著書に『殴り合う貴族たち』（文春学藝ライブラリー）、『陰陽師と貴族社会』『呪いの都　平安京』（吉川弘文館）、『天皇たちの孤独』（角川選書）など、監修に『平安貴族　嫉妬と寵愛の作法』（G.B.）。

文春新書

1285

平安朝《へいあんちょう》の事件簿《じけんぼ》
王朝《おうちょう》びとの殺人《さつじん》・強盗《ごうとう》・汚職《おしょく》

2020年10月20日　第1刷発行

著　者　繁田信一
発行者　大松芳男
発行所　株式会社 文藝春秋

〒102-8008　東京都千代田区紀尾井町3-23
電話（03）3265-1211（代表）

印刷所　理想社
付物印刷　大日本印刷
製本所　加藤製本

定価はカバーに表示してあります。
万一、落丁・乱丁の場合は小社製作部宛お送り下さい。
送料小社負担でお取替え致します。

ISBN978-4-16-661285-7

◆日本の歴史

日本人の誇り　藤原正彦
古墳とヤマト政権　白石太一郎
天皇陵の謎　矢澤高太郎
謎の大王 継体天皇　水谷千秋
謎の豪族 蘇我氏　水谷千秋
謎の渡来人 秦氏　水谷千秋
女帝と譲位の古代史　水谷千秋
継体天皇と朝鮮半島の謎　水谷千秋
学習院　浅見雅男
天皇はなぜ万世一系なのか　本郷和人
日本史のツボ　本郷和人
藤原道長の権力と欲望　倉本一宏
名字と日本人　武光 誠
大名の日本地図　中嶋繁雄
貧民の帝都　塩見鮮一郎
中世の貧民　塩見鮮一郎

江戸の貧民　塩見鮮一郎
戦後の貧民　塩見鮮一郎
旧制高校物語　秦 郁彦
日本文明77の鍵　梅棹忠夫編著
元老 西園寺公望　伊藤之雄
山県有朋　伊藤之雄
日本のいちばん長い夏　半藤一利編
昭和陸海軍の失敗　半藤一利・秦 郁彦・平間洋一・保阪正康・黒野 耐・戸髙一成・戸部良一・福田和也
昭和の名将と愚将　半藤一利・保阪正康
「昭和天皇実録」の謎を解く　半藤一利・保阪正康・御厨 貴・磯田道史
あの戦争になぜ負けたのか　半藤一利・保阪正康・中西輝政・戸髙一成・福田和也・加藤陽子
昭和史の論点　坂本多加雄・秦 郁彦・半藤一利・保阪正康
大人のための昭和史入門　半藤一利・船橋洋一・出口治明・水野和夫・佐藤 優・保阪正康他
日本軍はなぜ満洲大油田を発見できなかったのか　岩瀬 昇
零戦と戦艦大和　半藤一利・秦 郁彦・前間孝則・鎌田伸一・戸髙一成・江畑謙介・兵頭二十八・福田和也・清水政彦
ハル・ノートを書いた男　須藤眞志
昭和の遺書　梯 久美子
硫黄島 栗林中将の最期　梯 久美子

指揮官の決断　早坂 隆
松井石根と南京事件の真実　早坂 隆
永田鉄山 昭和陸軍「運命の男」　早坂 隆
十七歳の硫黄島　秋草鶴次
司馬遼太郎に日本人を学ぶ　森 史朗
徹底検証 日清・日露戦争　半藤一利・秦 郁彦・原 剛・松本健一・戸髙一成
日本型リーダーはなぜ失敗するのか　半藤一利
児玉誉士夫 巨魁の昭和史　有馬哲夫
伊勢神宮と天皇の謎　武澤秀一
西郷隆盛の首を発見した男　大野敏明
孫子が指揮する太平洋戦争　前原清隆
日本人の歴史観　岡崎久彦・北岡伸一・坂本多加雄
新選組 粛清の組織論　菊地 明
21世紀の戦争論　半藤一利・佐藤 優
火山で読み解く古事記の謎　蒲池明弘
決定版 日本の剣豪　中嶋繁雄
日本株式会社の顧問弁護士　児玉 博
日めくり日米開戦・終戦　共同通信編集委員室

暴かれた伊達政宗「幕府転覆計画」　大泉光一
変節と愛国　浅海 保
大日本史　山内昌之　佐藤 優
オッペケペー節と明治　永嶺重敏
元号　所 功・久禮旦雄　吉野健一
皇位継承　高橋 紘　所 功
歴史の余白　浅見雅男
江戸のいちばん長い日　安藤優一郎
西郷隆盛と西南戦争を歩く　正亀賢司
邪馬台国は「朱の王国」だった　蒲池明弘
姫君たちの明治維新　岩尾光代
日本史の新常識　文藝春秋編
仏教抹殺　鵜飼秀徳
承久の乱　本郷和人
昭和の東京 12の貌　文藝春秋編
平成の東京 12の貌　文藝春秋編

◆文学・ことば

翻訳夜話　村上春樹　柴田元幸
翻訳夜話2 サリンジャー戦記　村上春樹　柴田元幸
漢字と日本人　高島俊男
日本語とハングル　野間秀樹
危うし！小学校英語　鳥飼玖美子
英会話不要論　行方昭夫
英語の壁　マーク・ピーターセン
漱石「こころ」の言葉　夏目漱石　矢島裕紀彦編
人声天語2　坪内祐三
大人のジョーク　馬場 実
すごい言葉　晴山陽一
名文どろぼう　竹内政明
名セリフどろぼう　竹内政明
「編集手帳」の文章術　竹内政明
凡文を名文に変える技術　植竹伸太郎
新・百人一首　岡井 隆・馬場あき子　永田和宏・穂村 弘選

弔辞 劇的な人生を送る言葉　文藝春秋編
易経入門　氷見野良三
ビブリオバトル　谷口忠大
劇団四季メソッド「美しい日本語の話し方」　浅利慶太
遊動論　柄谷行人
生きる哲学　若松英輔
超明解！国語辞典　今野真二
芥川賞の謎を解く　鵜飼哲夫
ビジネスエリートの新論語　司馬遼太郎
昭和のことば　鴨下信一
週刊誌記者 近松門左衛門　鳥越文蔵監修　小野幸惠

（2018. 12）A　品切の節はご容赦下さい

文春新書のロングセラー

樹木希林
一切なりゆき
樹木希林のことば

二〇一八年、惜しくも世を去った名女優が語り尽くした生と死、家族、女と男……。ユーモアと洞察に満ちた希林流生き方のエッセンス

1194

中野信子
サイコパス

クールに犯罪を遂行し、しかも罪悪感はゼロ。そんな「あの人」の脳には隠された秘密があった。最新の脳科学が説き明かす禁断の事実

1094

橘 玲
女と男 なぜわかりあえないのか

単純な男性脳では、複雑すぎる女性脳は理解できない！ 「週刊文春」の人気連載「臆病者のための楽しい人生100年計画」を新書化

1265

ジャレド・ダイアモンド ポール・クルーグマン リンダ・グラットンほか
コロナ後の世界

新型コロナウイルスは、人類の未来をどう変えるのか？ 世界が誇る知識人六名に緊急インタビュー。二〇二〇年代の羅針盤を提示する

1271

立花 隆
知の旅は終わらない
僕が3万冊を読み100冊を書いて考えてきたこと

立花隆は巨大な山だ。政治、科学、歴史、音楽……、万夫不当の仕事の山と、その人生を初めて語った。氏を衝き動かしたものは何なのか

1247